Sabina Gabriel

AF236389

Gefangen auf dem Meer

nach wahren Ereignissen

Gefangen auf dem Meer

Sabina Gabriel

Bibliografische Information der Deutschen Nationalbibliothek:
Die Deutsche Nationalbibliothek verzeichnet diese Publikation in der Deutschen Nationalbibliografie; detaillierte bibliografische Daten sind im Internet über http://dnb.dnb.de abrufbar.

© 2022 Sabina Gabriel

Deutsche Erstausgabe

Covergestaltung: Vercodesign Unna
Korrektorat: Jasmin Dorner

Herstellung und Verlag: BoD – Books on Demand, Norderstedt

ISBN: 9783755730873

Zu ankern, bringt uns noch nicht nach Hause.

Prolog

Wer hätte so etwas jemals für möglich gehalten? Ein Stillstand weltweit, ausgelöst durch ein Virus, das Covid-19. Die Wirtschaft, der Verkehr und was ich noch weiter erläutern möchte, die Kreuzfahrtindustrie erliegt der Pandemie.

Ich arbeite seit mehreren Jahren auf einem Kreuzfahrtschiff und wir wurden eines Besseren belehrt, wie alles von heute auf morgen zu Ende sein kann - die Gäste stiegen ab, Kreuzfahrten wurden storniert, denn jeglicher Hafen erteilte ein Anlegeverbot, doch was passierte mit der Besatzung? Auch ich gehörte dazu und befand mich zu diesem Zeitpunkt noch auf dem Schiff. Wir blieben auf dem Schiff und harrten der Dinge. Zuerst dachten wir noch, die Situation würde sich bald wieder entspannen, doch schon nach kurzer Zeit wurde uns bewusst, dass eine Rückkehr der Gäste so schnell nicht möglich war. Und hier fängt die Geschichte an, denn aufgrund der geschlossenen Häfen gab es für uns kein Entkommen mehr und wir mussten das Beste daraus machen.

Viele Gäste bangten mit uns, waren interessiert, wie es mit uns wohl weitergehen würde und daher widme ich das Buch den treuen Gästen und Fans aller Flotten sowie der tollen Besatzung, die diese weltweite Krise an Bord verschiedener Schiffe miterlebte. Ebenso möchte ich mit meinem Buch bewirken, dass man nicht nur den Reedereien den schwarzen Peter zuschiebt, wie das von den Medien oft dargestellt wurde. Während der ganzen Zeit auf dem Schiff haben wir uns wohlgefühlt und waren auch gut versorgt. Dies ist den Geschäftsführern der Reedereien zu verdanken, aber auch dem Management auf den Schiffen.

Anfang März 2020 im Atlantik Rund um die Kanaren auf Kurs nach Madeira

Seit Oktober war ich auf dem Schiff, das Schiff, das schon fast mein Zuhause war. Seit sechs Jahren verbrachte ich dort meist acht Monate im Jahr und man konnte die Crew schon fast zur Familie zählen. Jeder von uns arbeitete gerne an Bord, sei es im Service für unsere Gäste oder so wie ich als Deutschtrainerin, um der Besatzung Deutsch zu lehren. Auch wenn wir sieben Tage die Woche arbeiten mussten und keinen freien Tag hatten, liebte jeder die Arbeit. Oft fragten mich

10

Gäste, ob die Freundlichkeit der Mitarbeiter gestellt war. Dazu konnte ich nur erwidern, nein, denn die Herzlichkeit war zumindest bei den Meisten aufrichtig und kam von Herzen.

Warum ich mich dazu entschieden hatte, auf einem Kreuzfahrtschiff zu arbeiten, liegt auf der Hand. Was gibt es Schöneres als Länder, Sprachen und viele Kulturen kennenzulernen und dies gleichzeitig mit der Arbeit zu verbinden. In der Regel besteht die Crew aus fünfzig Nationen. Eine Crew, die zusammenhält, egal woher man kommt, welcher Religion man angehört oder welche Nationalität man hat. Ethnische Themen und Diskussionen darüber gibt es an Bord nicht, im Gegensatz zum Land.

Schon seit vier Monaten war ich auf See. Ich hatte wieder einmal schöne Orte gesehen, unter anderem ging es dieses Mal auf die

Azoren. Inseln, die so grün waren, wie man sich nur Irland vorstellen konnte. Aber wir waren auch in Lissabon. Für mich immer noch eine der schönsten Städte. Vor allem die Altstadt. Ich liebte es immer, durch die Stadt zu schlendern, in einheimischen Cafés zu sitzen und die Leute zu beobachten. Das südländische Flair faszinierte mich, mag sein, wegen meines langen Aufenthaltes in Spanien. Aber mich interessierten auch die Architektur der Bauten, die Denkmäler und ich versuchte auf jeden Fall, immer wenn ich dort war, auf die Aussichtsplattform des Aufzuges Santa Justa zu gehen, um den Ausblick zu genießen. Nun waren wir auf Kurs nach Madeira, der Blumeninsel. Auch diese Insel hatte es mir angetan. Funchal, die Hauptstadt, bietet so viele schöne Sehenswürdigkeiten und ich konnte jedes Mal etwas Neues entdecken. Zugegeben, am liebsten ging ich allerdings in den Princess Garden, ein botanischer Garten mit kleinen Wanderwegen über Brücken vorbei an chinesischen Monumenten und ein Pflanzenparadies, das mich von einem eigenen Garten mit allerlei seltenen Pflanzen träumen ließ. Nur der Duft des Waldes, durch den man schlenderte, und der Vogelgesang brachten mich in eine andere Welt und ich konnte wieder Energie tanken. Nach vielen Monaten auf engstem Raum mit vielen Kollegen und Passagieren, war dies immer eine kleine Auszeit für mich. Mit der Seilbahn ging es hoch in die oft wolkenverhangenen Berge. Hier teilten sich die Besucher auf, denn auf der rechten Seite lag auch der Botanische Garten. Den hatte ich mir für meinen nächsten Besuch aufgehoben. Doch dann kamen die Schreckensnachrichten. War es überhaupt noch möglich, die Insel anzulaufen?

Wir saßen zusammen im Gemeinschaftsraum. Besorgniserregende Gesichter unter der Crew machten sich breit, als wir von dem ersten Covid-19 - Fall auf einem Kreuzfahrtschiff einer anderen Reederei hörten und Diskussionen über diese Pandemie und deren Auswirkungen entstanden. Nicht nur, dass wir den Fall mitverfolgten, sondern wir diskutierten auch darüber was wäre, wenn es mitunter uns beträfe. Einige sahen dies nur als Panikmache und meinten, man würde jetzt übertreiben. Andere sahen dieses Thema schon ernster. Zu welcher Gruppe ich mich zählte, konnte ich nicht so genau sagen. Einerseits war ich beunruhigt, andererseits sah ich oft eine Panikmache der Medien und der Verschwörer, die mit ihren Verschwörungstheorien weitere Unruhen reinbrachten.

Nach nur ein paar Tagen jedoch sah ich es mit anderen Augen. Viele, die es vorher leicht abgetan hatten, schwenkten um, als wir davon hörten, dass wieder ein Schiff im Hafen in Quarantäne lag und innerhalb nur weniger Tage sich mehr und mehr Besatzungsmitglieder und Gäste mit dem Virus infizierten. Hatten wir es vielleicht auch schon an Bord und wir wussten es nur nicht? Ich überlegte, denn im November und im Dezember waren viele meiner Kollegen und auch ich sehr krank. War das wirklich nur eine Erkältung oder vielleicht doch sogar schon das Virus? Wir wussten es nicht. Doch eines konnten wir sicher sagen, die Symptome waren anders als bei einer herkömmlichen Grippe. Ich zum Beispiel hatte nie Fieber, wenn ich erkältet war. Außerdem war ich immer sehr geplagt mit den Nebenhöhlen.

Doch in diesem Fall hatte ich noch nicht einmal Schnupfen, aber hohes Fieber und Gliederschmerzen, die auch sehr lange anhielten. Dazu plagten mich ein Husten und extrem starke Halsschmerzen, anders als üblich. War ich etwa schon an dem Virus erkrankt? Ich fragte meine Kollegen, die ebenso krank gewesen waren, wie deren Symptome verlaufen waren. Doch das brachte mich auch nicht weiter, denn jeder hatte andere Symptome. Eins konnte man allerdings sagen: alle hatten extreme Halsschmerzen. Egal, ob wir es hatten oder nicht, die Angst vor der Ansteckung blieb.

Immer mehr Schiffe von anderen Reedereien waren betroffen und so langsam bangten auch wir, ob es uns ebenfalls erwischen würde. Jeder der hustete, hatte schon ein schlechtes Gewissen und man vermied den Kontakt. Manch einer geriet in

Panik, was auch zu verstehen war. Nicht nur dass es menschlich war, sondern auch durch die Panikmache der Mitmenschen um einen herum, die einen anstecken konnten, ob man wollte oder nicht. Man befürchtete das Schlimmste. Warum sollten wir verschont bleiben? Schließlich hatten wir alle sieben Tage den Wechseltag, an dem neue Gäste und ebenso Seefahrer aufstiegen. Dazu berichteten die Medien über ansteigende Zahlen der Infizierten in Spanien und Italien und dass man über ein Einreiseverbot spekulierte. Ich mochte schon gar nicht mehr fernsehen. Man hörte nichts anderes mehr als Corona, aber auch ich sah unseren kommenden Routen mit gemischten Gefühlen entgegen, denn unsere nächste Reiseroute von den Kanaren bis ins Mittelmeer rund um Italien lag unter einem schlechten Stern. Wir fingen an zu rätseln, wo es uns stattdessen hinverschlagen würde, im Falle, dass man die Häfen sperren sollte. Würden wir im Atlantik bleiben und weiterhin die Kanaren anlaufen? Eines wusste ich jetzt schon: die Folgeroute, auf die ich mich schon so gefreut hatte, würde nicht stattfinden. Wieder würde ich Israel nicht sehen. Ob Unruhen oder jetzt die Pandemie, es war mir nicht gegönnt, dieses Land zu besuchen.

Ein paar Tage später wussten wir es sicher. Wir lagen gar nicht so falsch mit unserer Vermutung, denn schon am 28. Februar konnte Italien nicht mehr angelaufen werden und somit sprach man von einer Umroutung. Jedoch dachten viele immer noch positiv und hofften, dass diese Quarantänemaßnahmen nur von vorübergehender Dauer wären. Indes breitete sich das Virus an Land mit zunehmender Geschwindigkeit aus, doch zu unserem Erstaunen blieben wir nach wie vor verschont. Vielleicht, weil spezielle Maßnahmen ergriffen wurden, um die Ansteckungsgefahr einzudämmen? Alle häufig benutzen Flächen mussten die Mitarbeiter im Restaurant, in den Bars oder in den Gängen ständig desinfizieren und vor den Restaurants wurden Posten stationiert, die an das Desinfizieren der Hände erinnerten. Sicherlich mochte das dem Einen oder Anderen nicht gefallen, aber letztendlich kam es uns allen zugute, denn sollten wir einen Infizierten an Bord haben, der keine entsprechenden Symptome aufwies und dennoch das Virus in sich trug, dämmte man zumindest die Übertragung der Viren ein. Oft ärgerte ich mich, wenn ich ein Restaurant betrat und ein Gast maulend von sich gab, er hätte sich gerade die Hände gewaschen und es sei jetzt nicht nötig. Gut, mag sein, doch wenn man sich bei einem Restaurantbesuch die Hände waschen sollte, was war schon dabei? Schaden konnte es sicher nicht. Im Gegenteil, für meine Person war dies eine super Lösung. Die Zangen in den Bufettvitrinen wurden nur noch mit gewaschenen Händen berührt. Vielleicht dachte auch nur ich so. Ich stellte mir oft vor, wo die Gäste zuvor ihre Hände hatten und sah die Bakterien auf den Griffen in reger Bewegung. Mag sein, dass dieser Gedankengang auf Schriftsteller zutreffen mochte, die hinter jedem kleinen Detail, Geschichten suchten oder ihre eigenen paranoiden Vorstellungen hatten. Haben Sie jetzt versucht, den Gedanken nachzuvollziehen? Das wollte ich natürlich nicht. Auch in Zukunft sollte Ihnen das Essen am Büfett noch schmecken. Aber eigentlich wollte ich von den Desinfektionsmaßnahmen erzählen, die natürlich auch für uns Mitarbeiter nicht immer schön waren. Ständiges Desinfizieren, wohlbemerkt, dass man dazu Personal brauchte, das dann wiederum an anderen Stellen fehlte. Kein leichtes Unterfangen, gerade für unseren Maitre`D in den verschiedenen Restaurants. Die Organisation war sicher nicht einfach handzuhaben. Und dann kam noch der Deutschunterricht dazu, in dem meine Schüler auch präsent sein mussten. Täglich bemerkte ich mehr und mehr, dass meine Schüler am Limit waren und sich nicht mehr auf das Lernen konzentrieren konnten. Dies war nicht nur der Arbeit zuzuschreiben, sondern auch der Sorge um die Familie, die sie oft neun Monate nicht sahen. Auch im Heimatland breitete sich mehr und mehr das Virus aus, egal ob in Asien oder auf einem anderen Kontinent. Jeder schwelgte in seinen

Gedanken. Manch einer sorgte sich um die Familie, ein anderer, ob er seinen Vertrag erfüllen könnte und weiterhin Geld verdienen würde. Ich gehörte wohl eher der Kategorie an, weitere aufregende Ziele anzufahren und zu besichtigen, wie die Passagiere. Aber das lag wohl eher an der europäischen Kultur. Ich konnte mich schon immer darüber amüsieren, wenn ein Asiat der Familie auf Facebook schrieb, wo er war. Doch mehr als den Terminal in Flip Flops hatte er nicht gesehen. Ich liebte es, in meinem Unterricht die Sehenswürdigkeiten einzubauen, so dass sie wenigsten eine Kleinigkeit der Bauten oder Denkmäler mitnahmen. Die architektonische Seite konnte ich ihnen oft nicht nahebringen, aber die deutschen Namen faszinierten sie doch und sie lernten sie auswendig, um die Gäste zu beeindrucken. Gerade der Schiefe Turm von Pisa, in Englisch einfach nur Tower of Pisa war eines ihrer Highlights. Schon die Aussprache war schwer für sie. Natürlich gab es auch Ausnahmen, die sich, gleich wie die Europäer, für die Länder und deren Geschichte interessierten. Aber nun wieder zurück zu unserer Angst. Jeder machte sich Gedanken. Vor den Passagieren taten wir, als wäre alles normal, doch wie es in uns drinnen ausgesehen hatte, das war eine andere Sache. Als Seefahrer sind wir es gewohnt von einem Hafen in den anderen zu segeln. Aber wohin, wenn sie in weiteren Häfen ein Anlegeverbot erteilen sollten? Wir wollten auch gar nicht darüber nachdenken, ob wir vielleicht sogar nach Hause müssten. Denn das, da konnte ich für die Mehrheit sprechen, wollte keiner. Viele der Seefahrer sind erst kurz zuvor an Bord gekommen und natürlich haben sie noch nicht das Geld zusammengespart, um die Familie zu unterstützen oder Hypotheken und Kredite zurückzahlen zu können. Somit bemerkte man auch die schleichende Angst der Mitarbeiter um deren Existenz. Immer wieder kamen asiatische Kollegen auf mich zu und fragten mich, wie es denn weiterginge. Doch auch wir Deutschen konnten darauf keine Antwort geben. Es lag jedoch an uns, sie soweit wie es möglich war zu beruhigen und sie dazu zu bewegen, ihre Arbeit wie zuvor zu verrichten und ebenso weiter Deutsch zu lernen. Denn was auch immer geschehen mochte, die Deutschkenntnisse waren wichtig. Nach einer Weile gelang uns auch dies und jeder setzte seine Arbeit wie gewohnt fort.

Indes breitete sich das Virus weltweit mit einer enormen Geschwindigkeit aus und uns wurde bewusst, dass sich bald etwas verändern würde. Wir mussten mit dem

Abbruch der Kreuzfahrt rechnen. Aber solange es weiterging, blieben wir optimistisch oder versuchten es zumindest, denn leicht fiel es uns nicht. Man bemerkte auch die Unruhe unter den Gästen. Ich war oft an der Poolbar und hörte verschiedene Diskussionen. Sei es nur, dass man spekulierte, wohin es ging oder im schlimmsten Fall, ob man überhaupt noch nach Hause kam. Horrorszenarien wurden zusammengesponnen, ob man auf dem Schiff gefangen bliebe, nicht zu seiner Familie zurückkehren konnte oder nicht zur Arbeit. Viele haderten damit, dass ihnen womöglich das gleiche Schicksal widerfahren würde wie Passagieren auf Schiffen anderer Reedereien, die in Quarantäne waren und gar nicht nach Hause kamen und in den Schiffen am Hafen gefangen waren. Zusätzlich machte man sich Sorgen, was einen im Heimatland erwarten würde, wenn man doch noch nach Hause kam. Nicht selten hörte ich eine verbale Auseinandersetzung darüber, ob man überhaupt noch Lebensmittel kaufen könnte, denn viele hatten den Kühlschrank leer. Die Diskussionen waren so widersprüchlich und man sprang von einem Thema zum anderen, was mich dann doch oft zum Schmunzeln brachte, auch wenn es nicht angebracht war. Ich konnte mir einfach nicht vorstellen, mir über Toilettenpapier oder Nudeln Gedanken zu machen. Einen Moment später feierte man wieder ausgelassen, plante Ausflüge und hatte die vorherig gemachten Aussagen bereits wieder vergessen. Also eigentlich ein Wechselbad der Gefühle. Doch wie lange würde es so bleiben?

Die Crew an der Bar versuchte nach wie vor, die Gäste mit ihren Späßen aufzumuntern und war damit ziemlich erfolgreich, denn nach einer Weile hatte fast jeder Gast seine Sorgen vergessen und ließ sich von der Feierlaune anstecken. Der Alkohol wurde fleißig ausgeschenkt und nach dem Versuch vieler Gäste, dem Virus mit Jägermeister vorzubeugen, verschwand es im Nebel des Rausches, als wäre es nur ein harmloser Schmetterling. Vergessen oder zumindest für eine gewisse Zeit vertrieben.

Es folgte ein Seetag und die Gäste weilten bei Wellnessbehandlungen oder hatten ein ausgiebiges Katerfrühstück. Kein Wort mehr von einer Pandemie. Wir waren auf dem Kurs nach Funchal und die entsprechenden Ausflüge wurden gebucht, in der Hoffnung, dass die Touren auch stattfinden konnten. Es war so wie immer. Man konnte fast meinen, das Virus wurde nur durch ein paar Cocktails und

Schnäpse am Vorabend vertrieben. Doch dann kam eine Durchsage des Kapitäns. Just in dem Moment schlug die Stimmung um. Diese Stille auf dem Schiff werde ich nie vergessen. Man hätte eine Nadel fallen hören können. Er kündigte an, dass wir keine Möglichkeit mehr haben, sämtliche Häfen dieser Route anzulaufen und somit musste der Kreuzfahrt ein jähes Ende gesetzt werden. Er informierte die Passagiere noch, dass Sonderflüge organisiert wurden, um sie nach Hause zu bringen und er entschuldigte sich im Namen der Reederei bei den Gästen, aber auch bei der Crew für das unvorhergesehene Ende. Neben mir stand ein junges Pärchen, das gerade geheiratet hatte und ihre erste Kreuzfahrt unternahm. Flitterwochen auf dem Schiff, ein Wunsch der gerade wie eine Seifenblase zerplatzte. Deren Augen waren glasig und ich befürchtete schon, die junge Frau würde in Tränen ausbrechen.

Ich hatte wirklich Mitleid, denn so hatte man sich die schönsten Tage im Leben sicher nicht vorgestellt. Und auch wenn ich so in die Runde sah, diese traurigen Gesichter, Gänsehaut pur, Gäste, die unter normalen Umständen nur am Feiern wären und jetzt Trübsal bliesen. Gar mancher musste um Fassung kämpfen, die Trauerstimmung nahm überhand und glich einer Beerdigung. Man hörte kein Wort mehr und auch die Besatzung war sprachlos. Nach einer Weile kam man aus der Schockstarre heraus und von allen Seiten hörte man nur noch die Frage, was denn mit der Crew passieren würde. Zu dem Zeitpunkt konnten wir keine Auskunft geben, denn wir wussten es selbst nicht. Sicherlich hatte ich eine Ahnung. Warum sollten wir an Bord bleiben, wenn keine Gäste anwesend waren und mir war klar, dass man diesen Kostenaufwand reduzieren würde. Ich konnte es auch verstehen, denn Personalkosten ohne Einnahmen, dass würde jedes Unternehmen in den Ruin treiben. So war ich gespannt, welche Lösung es für uns geben würde. Sollten wir ebenso mit Sonderflügen nach Hause gebracht werden, denn soweit ich gehört hatte, gab es auch für uns keine normal zu buchenden Rückflüge mehr? Der Luftverkehr war eingeschränkt aufgrund der Tatsache, dass die Flughäfen gesperrt waren.

An ein Unterrichten war heute nicht mehr zu denken. Die Mitarbeiter wurden eingeteilt den Gästen zur Seite zu stehen und ehrlich gesagt, in der Haut des Personals in der Reiseabteilung wollte ich nicht stecken. Lange Schlangen bildeten sich vor den Pforten. Sei es zwecks einer Beschwerde über den Flug in eine Stadt, die nicht als Heimatort angegeben war und man von dort mit der Bahn nach Hause reisen musste oder einfach nur über die Kostenerstattung der Reise, auf die man so lange gespart hatte. Die Offiziere hatten allerhand zu tun und versuchten sämtliche Fragen ruhig abzuhandeln. Keinesfalls ein beneidenswerter Job in dieser Situation, denn man konnte die Gäste nur beruhigen, ohne konkrete Angaben zu machen. Eine Auskunft über den Abbruch der Reise und die damit entstehenden Unannehmlichkeiten konnte sicherlich hier an Bord nicht geklärt werden. Ich hatte Mitleid mit meinen Kollegen, aber ich konnte ihnen auch nicht helfen. Sobald ein Gast auf mich zukam, gab ich diesem ebenfalls die Auskunft bitte in der Reiseabteilung anzufragen, da wir keine Informationen über den Ablauf hätten. Natürlich hörten wir einiges. Aber es wäre gewagt, diese Aussagen an den Gast weiterzugeben ohne es sicher zu wissen. Damit würde man sich weit aus dem Fenster lehnen, denn was wussten wir schon über die Verwaltung der Landseite. Viele Passagiere waren verständnisvoll, wenn wir dies erklärten, aber nicht alle waren so geduldig und so bekam jeder von uns lautstarke Klagen und Vorwürfe zu hören. Eine davon war, warum man diese Reise nicht schon vorher storniert hatte. Die Unsicherheit sollte schon vor Reiseantritt bekannt gewesen sein. Jetzt hatte jede Partei, ob Reederei oder Gast, mehr Unannehmlichkeiten. Doch hatte die Reederei das zuvor gewusst? Sicherlich nicht und man versuchte nur, die gebuchten Reisen so lange wie möglich zu gewährleisten. Es gab aber viele Gäste, die die Sache vom unternehmerischen Aspekt sahen und Verständnis für die Reederei aufbrachten. Ob Umweltkatastrophe, Krieg, Krisen oder eine Pandemie, man musste versuchen, die Firma so lange wie möglich aufrecht zu erhalten und das galt auch für die Kreuzfahrtreederei.

Am nächsten Tag legten wir im Hafen von Funchal an und der Abschied nahte. Die Gäste verließen in den nächsten Stunden koordiniert das Schiff und flogen zurück zu ihrem Heimatort. Eines muss man an dieser Stelle sagen, der Abschied vieler fiel unter diesen Umständen trotzdem sehr herzlich aus. Die Gäste bedankten sich bei der Crew und sprachen der Reederei für die ausgezeichnete Organisation der Rückflüge ein großes Lob aus. Am 15. März flogen die letzten Gäste von Funchal nach Hause und die Crew war alleine. Ein seltsames Gefühl. Ein Schiff für uns alleine. Bei einigen führte das zu einem jauchzenden Ausbruch, andere verfielen in einen besorgniserregenden Zustand. Fast könnte man es als melancholisch bezeichnen. Für uns gab es noch die Durchsage, dass ein Treffen mit dem Kapitän im Theater am nächsten Morgen stattfände, bei dem wir die weiteren Pläne erfahren würden.

16. März auf See

Das anberaumte Kapitänstreffen stand um zehn Uhr an und jeder war gespannt, welche Neuigkeiten uns mitgeteilt werden sollten. Wie ging es mit uns weiter? Wann kommen die Gäste wieder zurück und was war jetzt auf dem Schiff zu tun? Ganz ohne Gäste, kein Zimmerservice und kein Restaurant- und Barbetrieb, der die Crew beschäftigte und bei Laune hielt.

Mein Unterricht fand nach wie vor noch statt und während ich unterrichtete, hörte ich die Durchsage in meinem Unterrichtsraum durch den Lautsprecher, dass sich jeder unverzüglich zum Theater begeben sollte und ich machte mich zusammen mit meinen Schülern auf den Weg. Man spürte die Unruhe, jeder war neugierig, welche Neuigkeiten man uns wohl mitteilen wollte. Als der Kapitän und der Personalleiter die Bühne betraten, gab es einen Riesenapplaus. Bedauernd erklärte uns der Kapitän, dass es vorerst keinen Kreuzfahrtbetrieb an Bord gäbe, aber wir alle sollten optimistisch sein, in Bezug auf die Wiederaufnahme der Kreuzfahrten. Derweil würden wir uns auf den Weg nach Teneriffa machen und dort auf Reede liegen. Sofort kamen die ersten Fragen auf. Die schlimmste Sorge war, dass keiner an Land konnte. Was denn mit dem Internet wäre? Und so traurig die Situation auch war, ließ dies den Kapitän schmunzeln und der Besatzung wurde versichert, dass wir noch nahe genug an Land waren, um ein ausreichendes Signal zu empfangen. Man kann sich das vielleicht nicht vorstellen, aber für die Besatzung eines Schiffes ist das Internet sehr wichtig, um mit den Familien in Kontakt zu bleiben. Der einzige Kontakt zur Außenwelt.

Da wir natürlich nicht nur wartend herumsitzen konnten, würde man in der Zeit das Schiff auf Vordermann bringen, denn nun konnten Arbeiten gemacht werden, die mit den Passagieren an Bord nicht möglich waren. Dazu gäbe es einen Plan und unsere Vorgesetzten würden uns davon in Kenntnis setzen. Im gleichen Atemzug wurden uns aber auch Annehmlichkeiten wie eine Poolparty am Abend versprochen und dass der Crewbereich in den Passagierbereich verlegt werden sollte. Daraufhin brach ein Jubeln der Besatzung aus. Wann hatte man das schon einmal, dass man den Bereich der Gäste nutzen konnte. Auch die

Pools sollten zu unserer Nutzung zur Verfügung stehen. Das Restaurant wurde unsere Besatzungsmesse, die Passagierdiskothek wurde zu unserer Crewdisco und der Bereich der Außenbars wurde zu unserer Chill- und Raucherecke umfunktioniert. Die Besatzung jubelte und doch blieben einige verhalten und wagten zu fragen, wie lange das denn sein sollte und ob wir denn nach Hause müssten. Doch darüber konnten uns weder der Kapitän noch der Personalleiter Auskunft geben, was jedoch verständlich war, denn zu dem Zeitpunkt waren die Auswirkungen der Pandemie noch gar nicht abzusehen.

Schon am Nachmittag sah man die Veränderungen. Das Pooldeck wurde umfunktioniert. Kicker, Billard und ein Fußballfeld wurden aufgebaut und an jeder Ecke gab es laute Musik aus tragbaren

Lautsprechern, verbunden mit den Handys der Crew, die singend in weißen Overalls die Relings mit Schleifmaschinen bearbeiteten, alten Lack flexten und den kaputten Deckendielen und Schiffsplanken zu Leibe rückten. Lautstark sangen sie dramatische Liebeslieder und ich konnte mir das Grinsen nicht verkneifen. Gerade die Philippinen singen gerne und Karaoke ist deren Lieblingsbeschäftigung. Somit war gute Stimmung vorprogrammiert. Dazu immer mal wieder eine Durchsage des Cruisedirektors, der es sich nicht nehmen ließ, das Programm für die Crew ebenso vorzutragen wie er es bei den Passagieren gewohnt war. Ob Dart-, Billard- oder Blackjackturnier oder ein Salsatanzkurs, Zumba oder Malkurs, für jeden war etwas dabei. Man ließ es sich nicht nehmen, die Besatzung bei Laune zu halten.

Trotz der Arbeit erschien uns das Ganze wie ein wenig Urlaub und wir fühlten uns fast wie die Gäste. Auf den Liegen am Pool lagen Besatzungsmitglieder oder spielten Wasservolleyball in ihrer Freizeit.

Eigentlich ging es uns richtig gut im Vergleich zu unseren Landsleuten zuhause. Mittlerweile waren Ausgangssperren verhängt worden und nicht zu vergessen, der Kampf um bestimmte Lebensmittel oder das Toilettenpapier, wovon viele unserer Familienmitglieder zu Hause sprachen, brachten uns nur zum Schmunzeln. Dies war für uns einfach unvorstellbar. Natürlich waren wir außen vor und konnten uns darüber amüsieren. Oft stellten wir uns übervolle Keller mit Nudeln und Toilettenpapier vor. Es gelang uns nicht, uns in die Lage der weltweiten Quarantäne zu versetzen. Dafür war es bei uns einfach noch zu »normal«. Wir hatten keinen Covid-Erkrankten an Bord und durften uns frei bewegen.

Meine Kurse liefen weiter, nur mit dem Unterschied, dass ich ein wenig schneller machte, im Falle, dass sie uns doch noch nach Hause schickten, und somit ein Abschluss irgendwie möglich war. Denn auch bei uns gab es Zeugnisse, die später für eine Beförderung nötig waren. Hierzu bekam ich enorme Unterstützung von den deutschen Mitarbeitern, die sich freiwillig meldeten, um Nachhilfe zu geben, denn jetzt hatten die Schüler auch mehr Zeit, um zu lernen. Wir schafften das doppelte Pensum. Jeder war fleißig und wir planten schon die Abschlussfeier, in der man das Zertifikat überreicht bekommt. Dies war immer das Highlight des Kurses und jeder versuchte, daran teilzunehmen. Ich erinnere mich gerne an die letzte Feier mit einer Kollegin, die mit einem neuen Kurs weitermachte. Alle vier Monate beginnt ein neuer Kurs mit einem neuen Lehrer. Damals hatten wir Karaoke und die Schüler wollten, dass wir zwei Lehrer ebenso sangen. Wer mich kennt, weiss jedoch, dass ich nicht singen kann und nach unserem Vortrag von Country Roads war ich heilfroh, dass die Schüler geblieben waren. Doch wenn ich so darüber nachdenke, zum Karaokesingen wurde ich nie wieder eingeladen. Spott musste ich allerdings auch nicht ertragen. Viele sahen mich als die Mama (was ich vom Alter her auch sein konnte, obwohl bei den Asiaten könnte ich sogar schon eine Großmutter sein) und hatten Respekt vor Älteren. Doch ob wir es bis zu unserem Abstieg schaffen sollten, den Kurs zu beenden, das lag noch in den Sternen, aber man konnte zumindest ein Fest planen.

Doch eins fehlte uns. Obwohl wir auf dem Schiff besser dran waren als zuhause, so vermissten wir doch den Landgang - der Grund, warum wir überhaupt auf dem Schiff arbeiteten. Die Sehnsucht packte uns, wenn wir am Abend an der Reling standen und in naher Ferne die Stadt Santa Cruz illuminiert sahen. So nah und doch kein Herankommen. Immer wenn wir auf Teneriffa waren, ging ich an Land. Ich hatte dort schon meine Lieblingsrestaurants, schlenderte durch die belebte Calle Bethencourt Alfonso, einer Einkaufsstraße mit vielen diversen Geschäften, eins neben dem anderen. Manchmal fuhr ich auch in die Stadt Laguna, die allerdings mittlerweile mit Santa Cruz zusammengewachsen war und besuchte dort das Auditorium, das mich sehr an das Opernhaus in Sydney erinnerte. Wenn ich etwas mehr Zeit hatte und das Wetter schön war, ging ich oft in den Parque Marítimo Santa Cruz, der zwischen dem Auditorium und dem Botanischen Garten lag. Für mich war das eines der schönsten Freibäder. Mit mehreren Pools, einer davon war sogar ein Salzwasserpool. Schon alleine der Ausblick aufs Meer und die mit Palmen umrandeten Pools gaben mir immer das Gefühl, als wäre ich im Urlaub. Aber davon konnte man vorerst nur träumen.

18. März nach wie vor auf Reede vor der Insel Teneriffa

Heute hatten sich die letzten Gäste auf einem unserer Schiffe in der Karibik verabschiedet. Für sie war es nicht mehr so einfach gewesen nach Hause zu fliegen, denn es gab keine Flüge mehr und auch in den Häfen durfte nicht mehr angelegt werden. Als dann doch Sonderflüge und eine Erlaubnis zum Anlegen gegeben wurden, war dies ein aufsehenserregendes Ereignis, wie mir Kollegen auf den Internetplattformen mitteilten. Die Crew stand an der Pier, um sich von den Gästen zu verabschieden. Ich sah

45

später ein Video dazu und ehrlich gesagt hatte ich wieder einmal Gänsehaut und Tränen in den Augen. Nun gab es nur noch Gäste auf einem der Schiffe unserer Reederei, das auf See vor Mittelamerika auf Reede lag. Doch auch dort wurde für den 23. März die Rückreise geplant.

Was jedoch für uns alle erstaunlich war, dass wir immer noch keinen Coronainfizierten an Bord eines unserer Schiffe hatten, denn mittlerweile gab es schon mehrere Kreuzfahrtschiffe anderer Reedereien, die in Quarantäne im Hafen lagen. Wir hatten Glück, dass es uns noch nicht erwischt hatte, denn das würde die Heimreise erheblich erschweren. Da wir nun auch keine Gäste mehr hatten, sahen wir der Lage sehr entspannt entgegen. Wir durften nicht an Land und somit waren wir auch keiner Ansteckung mehr ausgesetzt.

Ein paar Tage später hatten wir wieder ein Treffen mit dem Kapitän im Theater und jetzt wich die freudige Stimmung der letzten Versammlung eher einer bedrückten. Man merkte doch die Unsicherheit. Es war fast still, als der Kapitän mit dem Personalleiter wieder einmal die Bühne betrat. Zu viele Fragen waren offen, das hatte auch ich während meines Unterrichts schon bemerkt. Viele befürchteten, dass sie nach Hause müssten und somit kein Geld mehr verdienen konnten. Ein Ruin für viele. Andere wiederrum wollten nach Hause, um bei ihrer Familie zu sein und hatten die Befürchtung, dass dies nicht mehr möglich wäre. Ich hatte viele junge Mädchen in meinem Unterricht und oft brach eine in Tränen aus. Jetzt fungierte ich nicht nur als Lehrerin, sondern auch als Seelsorgerin. Aber auch ich konnte ihnen keine Antworten geben.

Ich versuchte das Beste aus der Situation zu machen und sie wenigsten zu beruhigen. Bei den meisten gelang es mir auch. Was mich allerdings selbst beunruhigte, war, dass ich ein schwangeres Mädchen in meinem Klassenzimmer hatte. Eigentlich hätte sie schon längst nach Hause fliegen sollen, aber auch hier waren der Reederei die Hände gebunden, denn es gab ein Einreiseverbot in Asien. Gut war nur, dass sich unsere Ärzte noch an Bord befanden. Das gab auch ihr ein wenig Sicherheit.

Nach dem üblichen Applaus für unseren Kapitän hielten wir den Atem an, darauf wartend, welche Neuigkeiten uns vermittelt werden sollten. Man sprach davon, dass im Moment keine Aussicht auf eine Wiederaufnahme der Kreuzfahrt bestünde, aber das hatten wir schon geahnt. Schließlich hatten wir auch Fernsehen und sahen uns dort die

Schreckensnachrichten an. Die Reederei wollte Flüge für die Heimreise organisieren. Was sich jedoch nicht so einfach gestalten ließe, denn die Flughäfen hatten ihre Flüge eingeschränkt und nicht zu vergessen das Einreiseverbot, das auch für uns galt. Wir hörten schon, dass viele Seefahrer in verschiedenen Flughäfen festgehalten wurden. Dieses Risiko wollte unsere Reederei nicht eingehen und solange keine sichere Einreise in die jeweiligen Länder gewährleistet war, hielt man die Besatzung besser an Bord. Man wollte auf jeden Fall versuchen, dass die Crew direkt nach Hause gebracht werden konnte ohne noch eine Quarantänezeit am Flughafen oder in organisierten Lagern verbringen zu müssen. Daher wurde erstmal nur ein Flug für die Dachländer organisiert. Eigentlich wollte ich gar nicht nach Hause. Wo war mein Zuhause überhaupt? Eine Wohnung hatte ich nicht mehr. Wozu auch? Wenn ich an Land war, reiste ich viel. Ich hatte Freunde in verschiedenen Ländern und so tigerte ich meist von Deutschland nach Österreich oder Italien. Und hatte ich doch einmal Sehnsucht nach einer eigenen Wohnung, mietete ich einfach für vier Monate eine Wohnung in Spanien. Ich hatte schon einmal in Andalusien gewohnt und fühlte mich dort immer wieder wohl. Die restliche Zeit im Jahr war ich auf See. Doch das funktionierte jetzt alles nicht. Jetzt sah die Sache schon anders aus. Welche Möglichkeiten hatte ich denn jetzt an Land? Reisen war nicht möglich und für längere Zeit bei jemandem zu wohnen, war für mich unvorstellbar. So bangte ich nun, dass ich wirklich das Schiff verlassen musste und auch meinen Namen auf der Liste zur Ausschiffung vorfinden würde.

Dann sollten wir ein Addendum zu unserem laufenden Vertrag unterzeichnen und statt der sieben Tage nur noch fünf Tage zu einem Grundgehalt arbeiten. Auch wenn ich damit nicht einverstanden war, alles wäre mir zu dem Zeitpunkt recht gewesen, um nur nicht nach Hause zu müssen. Was sollte ich auch dort? Noch dazu hatte ich in meiner Familie einen Risikofall und auf der Reise nach Deutschland wäre für mich die Ansteckungs- gefahr zu hoch gewesen. So bangte ich wie viele andere auch. Einige waren jedoch erleichtert, dass dies ein Ende nahm. Sie fühlten sich eingesperrt und langsam wurde einem langweilig. Natürlich war die Situation nicht ganz einfach. Kein Landgang, keine richtige Arbeit und man saß 24 Stunden aufeinander. Nicht leicht für jeden. Ich konnte beobachten, wie sich viele wegen Kleinigkeiten in die Haare bekamen. Im normalen Schiffsbetrieb hätte man einfach darüber hinweggesehen und wäre demjenigen aus dem Weg gegangen. Die meisten hatten ja auch nichts zu tun und nur Freizeit auf einem Kreuzfahrtschiff zu haben, war langsam ermüdend. Mir ging die Arbeit noch nicht aus und ich sah überhaupt keinen Grund, nach Hause zu gehen. Noch dazu sollten wir in die Gästekabinen mit Balkon umziehen und davon wollte ich auch noch Nutznießer sein. Wann hatte man schon einmal diese Möglichkeit, außer man buchte selbst eine Reise auf einem Schiff.

Meine Vermutung bestätigte sich am Nachmittag: mein Name war auf der Liste. Wie sollte ich denn jetzt noch meinen Kurs fertig bringen? Auch meine Schüler waren verzweifelt. Keiner konnte verstehen, dass ich gehen musste, da ich noch wie zuvor arbeitete. Meine Schüler brachten mich fast zum Weinen, denn sie wollten den Abschluss erreichen und ihr Zertifikat erhalten. Dank der Mithilfe der Nachhilfelehrer wäre das auch schon zwei Wochen später möglich gewesen. Nun sollte die ganze Arbeit umsonst gewesen sein. Ich stornierte zum Leidwesen meiner Schüler alle Kurse und nachdem ich den Unterrichtsraum aufgeräumt hatte, machte ich mich auf den Weg, um ebenso meine Koffer zu packen. Was sollte ich auch tun. Doch zumindest wollte ich mit meinem Vorgesetzten, dem Personalleiter, nochmals darüber sprechen, ob denn nicht die Möglichkeit bestünde, meinen Kurs zu beenden und an Bord zu bleiben. Wenigstens solange die Asiaten an Bord waren.

Allerdings machte ich mir nicht allzu große Hoffnungen, denn ich hörte auch davon, dass auf den anderen Schiffen unserer Flotte ebenso alle Crewmitglieder der deutschsprachigen Länder nach Hause geschickt werden sollten, einschließlich der Deutschtrainer. Es machte auch wenig Sinn, sich darüber aufzuregen. Man musste es einfach akzeptieren, ob man wollte oder nicht. Einerseits ist es verständlich, denn warum sollte die Reederei die Mitarbeiter auf dem Schiff halten, um vielleicht zu riskieren, dass eine Heimreise zu einem späteren Zeitpunkt nicht mehr möglich war.

Doch es kam anders. Schon am Abend wurde ich ins Büro meines Vorgesetzten gerufen und mir wurde erklärt, dass ich nun doch auf dem Schiff bleiben sollte, um soweit es möglich war, meine Kurse zu beenden. Ich war sehr erstaunt und zugleich erleichtert. Freudestrahlend ging ich in meine Kabine, um wieder auszupacken und informierte jeden auf meinem Weg, dass der Unterricht am nächsten Tag fortgesetzt werden sollte. Zu verdanken hatte ich dies wohl einem Pressebericht, in dem gesagt wurde, dass die Crew weiterhin Deutschunterricht hatte und somit die Gefahr der Langeweile eingedämmt wurde. Wir verfolgten oft die Nachrichten und konnten über manche Aussagen bezüglich der an Bord gefangenen Crew nur den Kopf schütteln. Man stellte die Reederei oft so hin, dass sie wohl nicht in der Lage war uns auszuschiffen. Wir ärgerten uns darüber, denn das stimmte überhaupt nicht. Der Reederei selbst waren doch die Hände gebunden. Und wie schon vorher erwähnt, wollte man nicht den gleichen Fehler anderer Reedereien machen und die Crew in den Häfen ihrer eigenen Verantwortung überlassen. Ein tagelanges Rumsitzen auf dem Flughafen oder im

Schiffsterminal war sicherlich nicht die beste Lösung.

25. März im Hafen von Teneriffa

Wieder ging ein Tag vorbei. Am Morgen verabschiedete ich mich von vielen Deutschen und Österreichern, die ihre Reise nach Hause antraten. Später hörte ich nur, dass viele von ihnen sehr froh über die Heimreise waren und im Flugzeug lauthals unsere Auslaufhymne sangen, denn auch wenn es nach Hause ging, so waren doch viele schon schiffsgeprägt und zu lange Seefahrer. Später hatte ich mir das Video auf FB angesehen und mir kamen die Tränen. Dieser Glückszustand, in dem die Kollegen schwebten, berührte mich sehr.

Nun war es seltsam auf dem Schiff. Weder Deutsche noch Österreicher befanden sich an Bord, außer die wenigen, die noch eine wichtige Aufgabe hatten, wie zum Beispiel in der Schiffsgalley oder auf der Brücke oder meine Wenigkeit. Für uns ging das Leben auf dem Schiff weiter wie zuvor. Doch eines fehlte. Unser Tagesprogramm, denn auch der Cruise Direktor mit seinen Ansagen sowie die Programmgestalter flogen nach Hause. Keine morgendlichen Durchsagen, keine Tanzkurse und auch das vorherige Kinoprogramm und die Theatershows fanden nicht mehr statt. Dafür aber gab es Karaoke, Zumba und Fußballspiele. Die Crew wusste auch ohne die Deutschsprachigen, wie man die Freizeit gestalten konnte. Sie machten das Beste aus der Situation. Jedem war klar, dass eine Heimreise für sie nicht möglich war und sie wahrscheinlich die letzten waren, die auf dem

Schiff ausharrten. In vielen Ländern gab es ein Einreiseverbot und auch wenn die Reederei gerne Flüge für die Crew organisieren wollte, so bestand immer noch die Gefahr, im Flughafen des jeweiligen Landes festgehalten zu werden. Nach ein paar Tagen gab es für uns auch eine große Veränderung. Wir durften, wie angekündigt, in die Passagierkabinen umziehen. Der Unterricht fiel aus und so konnte jeder packen und die neue Kabine aufsuchen. Jeder bekam eine Kabine für sich alleine, was für einen positiven Tumult sorgte. Die meisten der Crew waren es gewohnt mit mehreren Kollegen in einer Kabine zu schlafen und jetzt hatten sie eine Kabine für sich und noch dazu viele mit Balkon. Glücklich mit einem Kleiderstapel und hinterherziehenden Rollkoffern bezog jeder sein neues Reich. Aber man konnte es sich kaum vorstellen, es gab viele, vor allem die Mädchen, die gar nicht so gerne allein in einer Kabine waren. Sei es aus Ängstlichkeit oder einfach nur aus Langeweile, die sie mit den Mitbewohnern nicht hatten. Ich konnte manchmal nur schmunzeln, wenn ich zu hören bekam, dass das Alleinsein sie verrückt machen würde. So viel zu dem Thema »Ach, die armen Seefahrer haben noch nicht mal eine Kabine für sich«.

Das Addendum des Vertrages besagte, dass jeder nur noch eine 40 Stunden-Woche und zwei Tage frei zu haben hatte. Oft wurden die Tage einzeln verlegt, denn zwei Tage hintereinander hieß gleichzeitig auch furchtbare Langeweile. Zwei Tage nichts tun und dann noch nicht einmal von Bord zu können, war keiner gewohnt. Ich versuchte es einmal, zog es dann allerdings ebenso vor, die Tage zu splitten. Nur Freizeit, und

Fitnessstudio oder ständig ins Restaurant zu gehen war nichts für mich und auch für viele andere kein Spaß. Langsam merkte man, dass jedem die tägliche Routine fehlte und die Reparaturarbeiten nicht den Effekt hatten, dass die Crew ausgelastet war. Obwohl es uns allen gut ging, kam immer mehr der Wunsch auf, heimzugehen. Doch wann sollte dies sein? Häfen durften wir nicht anlaufen, Flughäfen waren gesperrt und es gab fast in jedem Land ein Einreiseverbot.

Langsam zogen sich die Tage in die Länge. In meinem Klassenzimmer wurden es von Tag zu Tag immer weniger Schüler. Die Motivation ließ nach. Viele gaben auf, denn es wurde gemunkelt, dass in einigen Tagen die Indonesier ausfliegen würden und somit überhaupt keine Gewährleistung bestand, den Kurs abzuschließen. Hier sah man ganz gewaltig die Gruppendynamik. Erst hörte einer auf und dann wurden es immer mehr. Ich versuchte noch sie zu überreden und sprach auch mit dem Hotelmanager und dem Personalleiter darüber. Wir beraumten für alle Deutschschüler ein Treffen ein, in welchem nochmals betont wurde, dass doch jetzt auch die Zeit zur Verfügung stehen würde, weiterzulernen, denn auch wenn der Kurs nicht abgeschlossen werden konnte, so konnte man doch die erlernten Kenntnisse für die Zukunft nutzen. Zwar sah ich das nicht so, denn ich wusste aus Erfahrung, dass nach einem langem Urlaub alles vergessen war, wollte aber dennoch so viele Schüler wie möglich durch die Prüfung bringen. Es wurde darauf hingewiesen, regelmäßig am Unterricht teilzunehmen oder mit sofortiger Wirkung aufzuhören. Aber ein »Ach, heute gehe ich mal ins Klassenzimmer und morgen wieder nicht«, das wurde nun unterbunden, da auch der Deutschunterricht der Arbeitszeit unterlag. Gut für mich, denn nichts war schlimmer, wenn Schüler einmal erschienen und beim nächsten Mal wieder nicht. Das zwang mich zu etlichen Wiederholungen, die weder ich noch die ständig anwesenden Schüler schätzten.

Schon am nächsten Tag profitierte ich von dem Gespräch. Wie schon seit langem nicht mehr, waren alle im Unterricht anwesend und arbeiteten fleißig mit. Vor allem da ich erwähnte, in den folgenden zwei Wochen den Test zu schreiben. Noch beschleunigte ich den Unterricht, denn ich rechnete jeden Tag mit einer Änderung. Es wurde schon von einem Transfer auf ein anderes Schiff gesprochen. Im Moment lag nur ein weiteres Schiff unserer Reederei mit der vollen Besatzung vor Teneriffa. Aber es sollte noch ein Drittes zu uns stoßen. Viele spekulierten, dass dann wohl ein Wechsel stattfinden würde.

Am Abend war es mittlerweile schon etwas wärmer und man konnte draußen sitzen, die Sterne beobachten und der Musik lauschen, die an verschiedenen Plätzen gespielt wurde. Die Gitarristen hatten ihre Gitarren ausgepackt und spielten einheimische Lieder, umzingelt von Landsleuten, welche ihre Stücke mit Gesang begleiteten. Ich hörte gerne zu und fand es sehr beruhigend. Mir kam es immer so vor, als säße man um ein Lagerfeuer mit einer Gruppe Pfadfindern beim Campen. Ich saß mit den Köchen zusammen und wir diskutierten die Situation, die zuhause vorherrschte. Ausgangssperren in Österreich und Südtirol und auch in Deutschland hatte man mittlerweile Bars und Restaurants geschlossen. Währenddessen sich die Lage weltweit zuspitzte, immer mehr Covid-Infizierte auftauchten und Ausgangssperren verhängt wurden, waren wir doch froh, noch ein angenehmes Leben an Bord zu haben. Poolparties und jegliche Freizeitaktivitäten waren für uns möglich und wir waren darüber auch dankbar. Aber jeder vermisste wieder einmal festen Boden unter sich zu haben, spazieren zu gehen oder einfach nur dem Vogelgesang in der freien Natur zu lauschen. Den gab es bei uns nicht. Was sollten die armen Vögel auch an Bord, wenn es keinen Baum gab? Allerdings umkreisten uns Möwen, die darauf warteten, unsere Abfälle zu bekommen. Doch dafür mussten wir die fünfzehn nautischen Seemeilen einhalten und meist wurde dies während der Nacht gemacht. Oft wussten wir das nicht und wenn man dann am Morgen auf den Balkon ging, war das Land wieder verschwunden und damit auch das

Internet. Was man leider auch nicht konnte, war Einkaufen. Sogar unsere Geschäfte an Bord mussten geschlossen bleiben. Doch ab und zu fand ein Sonderverkauf statt und wir hatten wenigstens die Möglichkeit Kosmetikartikel zu erwerben.

Bei mir machte sich immer mehr die Sehnsucht breit, wieder ein Land anzufahren oder wenigstens eine Insel. Gerade auf dieser Tour hätte ich Sardinien besichtigen können. Ich war zwar schon einmal dort, aber das Erlebnis, das ich hatte war so nicht geplant gewesen. Ich hatte damals einen Glassplitter, der nach zwanzig Jahren eingebettet in meiner Ferse nicht mehr dortbleiben wollte und meine Ferse sich aufgrund dessen ständig entzündete. Den musste ich mir wohl mal eingetreten haben, aber daran erinnern konnte ich mich nicht. Nachdem die Stelle immer wieder zu bluten anfing und auch schmerzte, entschied ich mich, in eine Klinik zu fahren, um den Übeltäter außer Gefecht zu setzen. Als wir auf Sardinien anlegten, stieg ich in ein Taxi und schon in dem Moment war ich um meiner Italienischkenntnisse froh, denn der Taxifahrer war nur dieser und auch keiner anderen Sprache mächtig. Nach fünfundzwanzig Minuten Fahrt über die Insel, deren Landschaft ich zu jenem Zeitpunkt überhaupt nicht wahrgenommen hatte, standen wir vor einem alten Gebäude, das sehr einem Kloster ähnelte. Meine Skepsis, eine kleine Operation hier machen zu lassen, wuchs enorm. Hätte ich doch nach Hause fliegen sollen? Mir ging nur noch dieser Satz durch den Kopf. Ich bat den Taxifahrer auf Abruf bereit zu sein, mich wieder abzuholen und stieg mit einem Zögern aus dem Taxi aus. Was mich jedoch im Inneren erwartete, glich nicht annähernd meinen

Gedanken. Ich wurde in einen Raum gebracht, von dem man das Gegenteil von steril behaupten konnte. Mein Blick schweifte während der Aufnahme durch den Raum. Eine Liege, deren Inlett aus den Rissen quoll, eine Schranktüre, die aus dem Scharnier hing und keiner schien sich daran zu stören. „Soll ich hier operiert werden", fragte ich zögerlich die Dame, die meines Erachtens die Ärztin sein konnte. „Si, si." Just entschied ich mich, aus dem Krankenhaus zu flüchten. Keiner sprach Englisch und der Raum überzeugte mich nicht zu bleiben. Doch bevor ich den Satz zu meiner geplanten Flucht überhaupt aussprechen konnte, wurde ich von einer Krankenschwester mitgezerrt. Wir fuhren mit dem Aufzug in den 6. Stock und sie bat mich vor einer Tür Platz zu nehmen. Ehe ich mich versah, war sie wieder weg und so wartete ich dann doch, um wenigsten dem Arzt hinter

68

dieser Türe mitzuteilen, dass ich es mir anders überlegt hätte. Meine Vermutung in einem Kloster gelandet zu sein, wurde hier unterstützt. Alte Türen und hohe Decken. Steinböden mit Rissen und Fahrstühle, die aus einem Paternoster umgebaut worden waren. Wenn es nicht unbedingt ein Krankenhaus gewesen wäre, hätten mich die alten Gemäuer historisch sehr interessiert. Wenn jetzt auch noch eine Klosterschwester erscheinen würde, wäre die Situation perfekt. Nach einer Viertelstunde öffnete sich die Tür und ich musste mir das Lachen verkneifen, denn eine Klosterschwester kam direkt auf mich zu. Jetzt war ich sprachlos und sah sie nur an. Sie nahm die Papiere, die ich in meiner Hand hielt und verschwand wieder hinter dieser ominösen Tür, nur mit einem italienischen Gemurmel. So saß ich schweigend da und mir wurde immer mulmiger. Zu allem Unglück musste ich auch noch auf die Toilette, doch wo? Ich lief in dem Vorraum umher und suchte nach einem kleinen Wegweiser, doch da war keiner. Ich lief von einem Stockwerk ins andere bis ich im Erdgeschoss landete. Personaltoiletten sah ich, jedoch waren diese verschlossen. An der Information erkundigte ich mich nach einer Toilette für die Patienten. Doch auch hier nur für das Personal. Mittlerweile stand mir schon der Schweiß auf der Stirn und ungeduldig fragte ich die Dame am Schalter, ob es sich die Patienten rausschwitzen sollten. Sie sah wohl meine Verzweiflung und schickte mich letztendlich in die Behindertentoilette, die zum Glück geöffnet war. Dies wäre in einem deutschen Krankenhaus unvorstellbar. Nach der Erleichterung fuhr ich nach oben und wollte mich wieder setzen, da kam die Schwester mit einem glücklichen Gesichtsausdruck auf mich zu und bat mich ins Zimmer. Sie dachte wohl, sie hätten die Ausländerin verloren. Zögernd lief ich hinter ihr her und dann stockte mir der Atem. Ein Traummann stand vor mir, der Arzt in Weiß, ein Italiener wie er im Buche stand. Mein Plan zur Flucht war missglückt. Er kam auf mich zu. „What can I do for you?", fragte er in einer sanften Stimme und erleichtert darüber, dass er Englisch sprach, erklärte ich ihm den Sachverhalt. Doch er unterbrach mich zugleich und klärte mich auf, dass sein Englisch nicht gut war. So versuchte ich das Ganze noch einmal auf Italienisch oder besser gesagt, halb Spanisch, denn mein Vokabular reichte im Italienischen nicht aus. Währenddessen ich es ihm erklärte, massierte er meinen Fuß. Dann sah er sich die Wunde an, doch bevor er mir überhaupt eine Antwort gab, wurde die Szene immer wieder von Jemandem des Personals unterbrochen und er gab Auskunft zu anderen Patienten. Währenddessen massierte er weiter an meinen Zehen und ich sah mich schon mit ihm auf einer Couch sitzen, stimmungsvolle Musik im Hintergrund und ein Weinglas auf dem Tisch. Nach einer Weile unterbrach er meine Gedanken und holte mich in die Realität zurück. Er erklärte mir kurz, was er machen wollte und dass ich fünf Tage bleiben müsste. Das jedoch wollte ich nicht und erklärte ihm, dass ich es nur machen lassen würde, wenn er mir zusichern könnte, danach sofort wieder zu gehen. Schließlich würde auch der Taxifahrer auf mich warten. Er schüttelte den Kopf, doch er erklärte sich bereit. Hätte ich doch bleiben sollen? Bei diesem Mann? Doch sehr schnell verwarf ich diesen Gedanken wieder. Er erklärte mir, dass es jetzt sehr schmerzhaft werden würde. Er setzte die erste von den fünf

Betäubungsspritzen an und ich konnte vor Schmerz nicht mehr atmen. „Jetzt Nummer Zwei, sind sie bereit?", fragte er danach und ich schrie fast „Nein, bin ich nicht und auch nicht für drei, vier und fünf", denn am liebsten wäre ich von der Liege gesprungen. Doch meine Aussage schien ihn nicht von der Tat abzuhalten und ich spürte schon den zweiten Einstich. Jetzt liefen mir die Tränen über die Wangen. „Don´t cry, Baby", flüsterte er in einer romantischen Stimme und streichelte mein Bein. Definitiv musste er eine Veranlagung eines Fußfetischisten haben. Wer sonst hatte so einen Gefallen an fremden Füssen? Ich wusste nicht mehr, ob dies alles Realität war oder ob die Spritzen in meinen Fuß nicht nur den Fuß lokal betäubten, sondern auch mein Gehirn vernebelten. Nummer drei, vier und fünf waren zum Glück auszuhalten und er wartete eine Weile, bevor er mit dem Skalpell ranging. Dann fing er an. Schmerz verspürte ich keinen, doch jetzt war es vorbei, ich konnte mich kaum noch vor Lachen halten, so absurd war die Situation. Denn der italienische Traum in Weiß sang eine italienische romantische Arie, während er an mir herumschnippelte und nach Entnahme des Übeltäters die Schnittstelle wieder vernähte. So viel dazu, warum ich so gerne Sardinien besucht hätte und diese Insel aus einem anderen Grund besichtigt hätte, nämlich ohne einen Krankenhausaufenthalt. Aber das sollte wohl nicht sein.

10. April immer noch auf Reede vor Teneriffa

Die Tage vergingen für mich wie im Fluge. Ich war mit den Prüfungen beschäftigt und schrieb meine Abschlusslisten. Am folgenden Tag sollte ein Crewwechsel zwischen zwei unserer Schiffe stattfinden. Warum? Das wurde uns nicht so genau mitgeteilt. Noch sahen wir keinen Sinn darin. Es lagen nur drei Schiffe unserer Reederei vor Ort. Wer von uns sollte ausgetauscht werden? Das wusste keiner so genau und auf die Frage warum, wurde uns nicht geantwortet. Mittlerweile geschah dies immer öfter. Wir wurden nur kurzfristig davor über Änderungen informiert zum Leidwesen vieler. Ich konnte es natürlich verstehen, denn oft wurde eine Aussage gemacht und dann konnte die Reederei sie nicht einhalten. Also war es wohl besser, uns erst kurz vorher vor vollendete Tatsachen zu stellen. Verständlich, doch gerne hätten wir, so abgeschottet von der Umwelt wie wir waren, ein paar Auskünfte zu der Situation, in der wir uns befanden. Wir vermuteten jedoch, dass einige, deren Verträge noch länger liefen, auf größere Schiffe transferiert werden sollte. Dann wurde wieder verlautet, dass die komplette Crew auf ein anderes Schiff gehen sollte. Womöglich auf eines der größten Schiffe der Flotte, das ebenso in den nächsten Tagen den Atlantik überquert hätte und auch auf Reede vor der Küste Teneriffas liegen würde. Beabsichtigt wurde dann, uns in den Norden von Deutschland zu bringen, wo angeblich ein leichteres

Ausfliegen der Besatzung möglich wäre. Doch waren diese Schiffshäfen und Flughäfen in deutschen Städten nicht ebenso geschlossen, beziehungsweise gingen dort keine regulären Flüge?

Bevor wir uns darüber verrückt machten, beließen wir es erst mal dabei und hofften darauf, dass alles sich zum Guten wendete. Zumindest sollten wir erst noch die Crew Party mit BBQ genießen. Diese sollte in zwei Tagen stattfinden. Wir freuten uns darauf. Livemusik am Pool der Gäste und ebenso die Grillstation und das Büfett sollten dort aufgebaut werden.

Außerdem gab es immer noch viele angebotene Aktivitäten. So fand ein Salsakurs eines lateinamerikanischen Tänzers statt und obwohl ich Salsa tanzen konnte, machte es mir Spaß dort vorbeizuschauen und auch noch etwas dazuzulernen. An den Abenden vergnügten wir uns oft im Casino beim Karten- oder Dartspielen und erzählten uns Anekdoten aus dem Leben als Seefahrer. Jeder hatte etwas beizutragen und der Abend gestaltete sich immer lustiger. So erzählte auch ich meine Geschichte zu Sardinien oder auch zu Mallorca. Würde dies meine Kollegin und gute Freundin jetzt lesen, sie würde in Tränen ausbrechen. Nach sieben Monaten auf dem Schiff fühlte ich mich damals ausgelaugt und müde. Ich konnte trotzdem nicht schlafen und sich auf den Unterricht zu konzentrieren fiel mir schwer. Ich holte mir damals Vitamin B und ein homöopathisches Sedativ aus der Apotheke, nahm es auch gleich ein und setzte mich auf einen Mauervorsprung vor dem kleinen Teich am Parc de la mar, lauschte den Klängen eines Gitarrenspielers und beobachtete die Schwäne. Doch das Sedativ machte mich so müde, dass ich mich auf einer Parkbank ausstreckte. Eigentlich wollte ich nur kurz rasten, doch ich schlief tatsächlich für mehrere Stunden ein, langgestreckt wie ein Stadtstreicher. Als ich wieder wach wurde, erschrak ich, denn es war kurz vor der Ablegezeit. Ich hastete zurück zum Bus und erwischte gerade noch den letzten. Alles ging zum Glück noch einmal gut und ich fühlte mich danach wie ein neuer Mensch, ob es an dem Schrecken lag oder an dem tiefen Schlaf, begünstigt durch das Sedativ, konnte ich nicht sagen. Meine Freundin stellte sich dies bildlich vor und verglich mich mit einem Penner auf der Bank, was sie zum Lachen brachte. So hatte jeder seine kleinen Erlebnisse zu schildern. Das Thema Corona vermied man. Keiner wollte es mehr hören und viele hatten sich an die Situation gewöhnt und wollten nun auch gar nicht mehr nach Hause. Wir hofften immer noch, dass der Alptraum bald vorbei wäre. Im Großen und Ganzen hatten wir es nicht schlecht. Laut Proviantmeister waren auch noch genug Lebensmittel an Bord und uns mangelte es an nichts. Gute Küche, ein wechselndes Tagesprogramm und auch das Wetter spielte mit. Ich zumindest hatte gar keine Intention jetzt in Deutschland zu sein. Vor allem wenn man die Nachrichten verfolgte und mitbekam, dass die Ausgangssperre ausgeweitet wurde. Für mich war dies unvorstellbar und mich wunderte es nicht, dass oft die Stimmung in den eigenen vier Wänden kippte und Familienstreits vor- programmiert waren. Die Schulen waren ebenso geschlossen und wenn man es gewohnt war mit den Kindern rauszugehen, war es kaum nachzuvollziehen, diese in einer kleinen Wohnung halten zu müssen. Es hatte nicht jeder das Glück einen Garten zu besitzen. Allerdings war ich fasziniert, was viele von ihren Balkonen aus veranstalteten, wie in Italien, wo man zusammen sang und musizierte. Gerne habe ich diese Videos auf den Plattformen angesehen und auch geteilt, so dass sich vielleicht die Deutschen daran ein Beispiel nehmen würden. Doch auch die Spanier waren sehr einfallsreich. Fitness-programme auf Flachdächern und Balkonen wurden ins Leben gerufen. Es gab wieder ein Miteinander. Doch wie lange würde das so bleiben? Wie lange denkt man zurück an die Tage, die das tägliche Leben veränderten, gerade dann, wenn das Leben wieder seinen normalen Lauf und der Alltag einen eingeholt hat?

17. April im Hafen von Teneriffa

Jetzt war es doch soweit. In wenigen Stunden wollten wir in Santa Cruz anlegen und der größte Teil der Mannschaft sollte auf eines der größeren Schiffe unserer Flotte wechseln. Bis auf die Notbesatzung von knapp 100 Mann, die erforderlich war, um das Schiff zu manövrieren, mussten alle das Schiff verlassen. Das am Vortag anberaumte Treffen im Theater war für die meisten ein freudiges Ereignis. Endlich gab es wieder einen Lichtblick. Ich sah dem Ganzen eher mit Bangen entgegen. Auch von den anderen Schiffen behielt man nur die Notbesatzung an

82

Bord und der Rest der Besatzung musste ebenso auf jenes Schiff transferiert werden. Mir graute davor, mit so viel Besatzung an Bord zu sein, vor allem in so einer Situation, in der man noch immer nicht wusste, wie es denn weitergehen sollte. Noch dazu wies dieses Schiff auch nicht die Kapazität dafür auf, so viele Menschen aufzunehmen und so müsste sich die Besatzung die Kabinen teilen. Trotz der angespannten Situation machte jeder das Beste daraus. War es nun, dass wir endlich mal wieder Land sehen würden, und zwar nicht nur von der Wasserseite aus? Oder lagen wir vielleicht wieder irgendwo auf Reede? Mit der Größe der Besatzung wäre das fatal und vor allem, wie wollte man die Crew beaufsichtigen? Für die Vorgesetzten würde es sicherlich kein Leichtes sein, ihre Schäfchen in der Menge zu finden. Ich mochte gar nicht über einen geregelten Unterricht nachdenken. Noch wusste ich nicht, wo oder wie es vonstattengehen sollte. Doch sah ich es positiv und war gespannt, wie man die Mannschaft kontrollieren wollte. Sollte jedes Schiff mit ihren Vorgesetzten für sich handeln oder musste diese Aufgabe von den leitenden Managern jenes Schiffes übernommen werden? Das wäre ein gewaltiger Unterschied zu den normalerweise rund Tausend Besatzungsmitgliedern, je nach Größe des Schiffes. Immer wieder lief einer meiner Schüler auf mich zu und fragte mich aus, aber ich konnte auch keine Antwort gehen und bat jeden einfach erst einmal abzuwarten. Viele Fragen würden sich von selbst lösen. Doch eines blieb ungeklärt, wenn sie jetzt alle nach Hause geschickt werden sollten - die Sorge um die Familie. Wie sollte man sie unterstützen, wenn man kein Gehalt bezog, im eigenen Land keine Anstellung finden würde und der Alleinverdiener war? Schon die Kürzung der Gehälter in den letzten Wochen brachte viele in Schwierigkeiten und einige waren schlecht gelaunt oder sogar streitsüchtig. Würde das gut gehen oder eskalieren?

Meinen Unterricht hatte ich zum Glück beendet und auch die letzten Prüfungen abgenommen. Am Abend zuvor hatten wir noch eine kleine Abschlussfeier und jeder erhielt sein Zertifikat. Leider hatte ich doch noch sehr viele Schüler verloren. Sie hatten keinen freien Kopf mehr, um zu lernen oder auch keinen Nerv dazu im Unterrichtsraum zu sitzen und doch nur an ihre Liebsten zuhause zu denken. Ich bemerkte sehr häufig die Abwesenheit der Schüler und musste immer wieder einmal jemanden von ganz weit weg wieder in die Realität zurückholen. Dennoch konnte ich mit Stolz den verbleibenden Schülern die Auszeichnung der bestandenen Prüfung überreichen und wünschte jedem persönlichen viel Glück für die Zukunft. Normalerweise setzte ich mich danach immer mit deren Vorgesetzten zusammen, um über eine Beförderung zu sprechen. Aber dieses Mal war es anders. Was für einen Sinn hätte das auch, wenn man noch nicht einmal wußte wann, geschweige denn ob, oder auf welches Schiff oder bei welcher Reederei der Mitarbeiter wieder antreten würde. Aber wenigstens konnten wir noch ein wenig gemeinsam feiern.

Wieder saßen wir im Theater und warteten auf die letzte Ansage des Kapitäns und des Personalleiters. Doch stattdessen wurde das Licht auf der Bühne gedimmt und ein junger

Mann aus den Philipinnen kam ins Rampenlicht. Er wurde mit einem riesigen Applaus empfangen, denn die meisten kannten den Kollegen. Noch wusste ich nicht, welchen Beitrag er auf der Bühne leisten wollte, doch nur wenige Sekunden später war es mir auch klar. Die Musik lief an und schon jetzt war ich nahe dem Wasser gebaut. Unsere Auslaufhymne und er sang dazu. Wo man auch hinsah, jeder weinte, schluchzte oder sang mit. Solch Emotionen in einem so großen Saal mit so vielen Leuten, das hatte ich noch nie erlebt. Rechts von mir ein Schluchzen, links von mir ein Tränenfluss und auch ich wischte einzelne Tränen von meiner Wange und musste mich zusammenreißen, nicht ebenso loszuheulen wie ein kleines Kind.

Man hörte jeden Abend die Auslaufhymne und doch haben wir sie als Mitarbeiter gar nicht mehr wahrgenommen. Fast jeden Abend liefen wir aus einem der wunderschönen Häfen aus und das Tag für Tag, Monat für Monat oder sogar Jahr für Jahr. Und doch denke ich, erst an diesem Tag wurde uns die Hymne so richtig bewusst. Wahrscheinlich auch deswegen, da jetzt endlich ein Licht am Horizont war und der Abschied immer näher kam. Noch dazu mit einem ungewissen Ende. Normalerweise stiegen wir ab und wussten schon ganz genau, wann wir wieder zurückkehrten. Doch diesmal eben nicht. Es war kein Abschied auf Zeit. Nach einem riesigen Applaus für den Sänger kamen der Kapitän und der Personalleiter auf die Bühne. Wir wurden aufgeklärt, dass ein Anlegen in den größeren Häfen nicht möglich war und wir auf Cuxhaven ausweichen mussten. Wie wir von dort aus nach Hause kommen sollten, würde uns auf der Überfahrt mitgeteilt werden. Ich war noch nie in Cuxhaven und wusste auch nicht, wie ich von dort nach Hause kommen sollte. Spekulationen, dass wir angeblich in Bussen nach Hause gebracht werden sollten, glaubte ich mittlerweile schon gar nicht mehr und ich sah mich schon an Bahnhöfen sitzen und auf Züge warten, denn in den Nachrichten wurde man darüber informiert, dass auch der Bahnverkehr eingeschränkt war.

Die Reederei wollte auf jeden Fall das Bestmögliche versuchen, uns sicher an den Heimatort zu bringen. Doch so einfach war das bestimmt nicht zu bewerkstelligen, denn auch so einer großen Seefahrtsgesellschaft waren die Hände gebunden, wenn ein Heimathafen die Seefahrer nicht einreisen ließ.

Wir standen an der Reling. Die Einfahrt in Teneriffa brachte das Ende unserer Kreuzfahrt. Vor uns lag das Schiff, auf das wir transferiert werden sollten. Die Besatzung wurde in Gruppen eingeteilt, um das Schiff zu verlassen. Eine Gruppe nach der anderen wurde aufgerufen, um das Gepäck, welches am Vorabend den Sicherheits-Check hatte und dort aufbewahrt wurde, abzuholen und sich dann Richtung Ausgang einzureihen. Ich war in der ersten Gruppe und stellte mich hinter die wartende Schlange. Doch es passierte nichts. Keiner durfte das Schiff verlassen. Worauf mussten wir jetzt wieder warten? Wir hatten wiedermal keine Ahnung und standen dort mehr als eine Stunde. Dann bewegte sich etwas und die ersten gingen von Bord. Ich trottete hinterher, was nicht gerade einfach war, denn ich hatte zwei schwere Koffer. Vor dem Schiff, auf das wir transferiert werden sollten, empfing man uns und händigte die Bordkarte mit der Zuweisung der jeweiligen Kabinen auf dem neuen Schiff aus. Ich ging an Bord und schon im ersten Moment war ich hoffnungslos verloren. Ich wusste einfach nicht, wohin ich gehen sollte. Das Schiff war mir einfach zu groß, obwohl es noch nicht einmal das größte unserer Flotte war. Aber im Gegensatz zu meinem Heimatschiff war es riesig. Ach, was liebte ich doch meine alte Dame, zwar alt aber übersichtlich, familiär. Mir schwante Böses. Wie sollte ich auf dem Schiff jemanden finden? War hier überhaupt ein Unterrichten möglich? Mit Wehmut machte ich mich daran, das richtige Treppenhaus zu finden, um dann von dort aus in meine Kabine zu gelangen.

Endlich stand ich vor der richtigen Tür und kramte meine neue Bordkarte heraus. Doch schon gleich stand mir der Schreck ins Gesicht geschrieben. In der Kabine wohnte noch jemand. Koffer und Taschen standen neben der Couch und an der Garderobe hingen Jacken. Dies konnte doch nicht wahr sein. Gerade ich, die immer darauf wertgelegt hatte, eine Einzelkabine zu haben, sollte in einer Kabine und noch dazu in einem Doppelbett mit jemandem zusammengepfercht werden? Ich wollte mir erst gar nicht vorstellen, wer hier noch wohnte. Mein Entschluss stand fest. Ich stellte mein Gepäck ab ohne es auszupacken, denn hier wollte ich nicht schlafen und ich machte mich sogleich auf den Weg zur Rezeption, um dies zu ändern. Gut, dass der Weg ausgeschildert war, denn sonst wäre ich hoffnungslos verloren gewesen.

Beim Betreten des Vorraums der Rezeption verließ mich aber sogleich der Mut. Lautstarke Konversationen, die nichts Gutes versprachen, hallten durch die Halle. Vor dem Tresen, der mit mehreren Mitarbeitern besetzt war, bildete sich eine lange Schlange. Ich reihte mich dahinter ein und wartete. Von allen Seiten hörte ich Beschwerden. Bei manch einem war es nur, dass er kein Internet hatte, was ich in dem Moment etwas lächerlich fand, denn es gab andere Sorgen. Einige Kabinen waren doppelt belegt oder männlich und weiblich zusammengelegt. Das allerdings sah ich als Problem und ich fragte mich, ob auch in meiner Kabine ein Mann wohnen würde. Aber dann fiel mir die Garderobe ein und das waren definitiv Frauenjacken. Das lange Warten machte mir nichts aus. Ich hatte ja auch nichts zu tun, somit fiel es mir nicht schwer. Irgendwann würde ich schon drankommen und hoffte dann auf eine Lösung für mein Problem.

Endlich war ich an der Reihe und mir wurde mitgeteilt, dass derzeitig keine Änderungen gemacht werden könnten und ich mich noch einmal um 19 Uhr, nachdem alle neuen Besatzungsmitglieder eingecheckt hätten, melden sollte. Doch wohin solange? In die Kabine wollte ich nicht. Also schlenderte ich durch die Gänge, um das Schiff zu erkunden und in der Hoffnung jemandem von meinem alten Schiff zu finden. Ich ging von einem Deck zum anderen und war erstaunt, wie viele Schüler ich aus alten Verträgen traf. Jeder erzählte mir, welche Positionen er jetzt hatte und auf welchem Schiff er vor dem Transfer verweilte und so verging die Zeit wie im Flug. Doch meine Freunde konnte ich nicht finden. So kam auch bei mir langsam die Sehnsucht auf ein Ende und das Zuhause zustande. Mit Wehmut stand ich an der Reling und sah weit entfernt mein altes Schiff ankern.

Was hätte ich darum gegeben, noch darauf zu sein. Hier konnte mich nichts halten. Nach einer Weile irrte ich wieder wahllos herum, um die Zeit totzuschlagen. Ich wollte einfach ein ruhiges Plätzchen finden, aber das war gar nicht so einfach. Von überall her dröhnte Musik aus tragbaren Lautsprechern und laute Stimmen, die versuchten die Musik zu übertönen. Ich ging in das uns zugewiesene Restaurant und verschaffte mir einen Überblick der dort angebotenen Speisen. Nichts konnte mich überzeugen und ich vermisste schon jetzt die Kost des alten Schiffes. Aber dort traf ich zumindest meine lateinamerikanischen Freunde und wir nahmen das Abendmahl zusammen ein. Wenn auch keiner zufrieden damit war, so hatten wir doch noch unseren Spaß und sahen das Ganze mit Humor. Mittlerweile legte auch noch ein weiteres Schiff unserer Reederei an und die letzte Besatzung ging an Bord. Wieder sah ich einige, die ich schon Jahre nicht mehr gesehen hatte. Zumindest das stimmte mich etwas freundlicher. Viele von ihnen bevorzugten die neuen Schiffe, was ich auch in deren Situation verstehen konnte, denn die Kabinen waren moderner und sie mussten nicht mehr in 4-er Kabinen zusammenleben. Auf den neuen Schiffen gab es nur 2-Bett Kabinen.

Schon bei meinem Rundgang bemerkte ich, dass man wohl bei der Kabinenvergabe etwas überfordert gewesen war. Männlein mit Weiblein gemischt, ein Unding, wenn man davon ausging, dass viele der Mädchen Moslems waren und diese sofort in Tränen ausbrachen. Immer wieder stand ich als Seelsorger da und versuchte sie zu beruhigen. Ich erklärte Ihnen, dass man bestimmt eine Lösung finden würde, sobald der erste Trubel vorbei war. Während ich mit meinen Freunden über die Decks lief, wurde mir bewusst, dass es hier ganz anders ablief. Auch bemerkte ich den Unmut der Kollegen der anderen Schiffe. Die Besatzung, die aufgestiegen war, war zum Rumsitzen und Langweilen verurteilt, während sich die feste Besatzung dieses Schiffes darüber beschwerte, uns bedienen zu müssen, denn sie hatten alle einen Arbeitsplan. Ob sie nun die Kabinen säuberten oder die Bars und Restaurants betreuten, jeder wurde eingeteilt.

Ich sah so viele bekannte Gesichter und auch wenn einem die Situation gerade nicht gefiel, freute man sich doch nach so langer Zeit, ehemalige Schüler und Kollegen anzutreffen und einen kleinen Plausch zu halten. Mit vielen vereinbarte ich ein Treffen am Abend in einer der Bars, wo organisiert wurde, dass täglich eine der Bands spielte. Darauf freute ich mich schon besonders, denn es war genau meine Musikrichtung. Wir fanden es schon fast witzig, dass jetzt vier lateinamerikanische Bands uns den Abend verschönern sollten. Aus Mexico, aus Argentinien, der Dominikanischen Republik und aus Venezuela. Wenigstens ein Lichtblick in diesem Chaos.

Als ich meinen Rundgang machte, bin ich auch den Vorgesetzten meines alten Schiffes begegnet und klagte mein Leid der zugewiesenen Kabine und ich wurde mit meinem Anliegen eines Umzuges in eine andere Kabine begleitet und unterstützt. Es war zwar keine Balkonkabine, aber wenigstens hatte ich mein eigenes Reich. Die Kabine war nicht groß, aber ich hatte auch nicht die Absicht, dort den ganzen Tag zu verbringen. Auch den indonesischen Mädchen wurde geholfen. Letztendlich klappte doch noch alles zu unserer Zufriedenheit.

20. April auf See Richtung Cuxhaven

Die See war ruhig und doch wurde es einem bewusst, dass wir in kälteres Gefilde fuhren. Die Temperaturen nahmen ab und es ging oft ein starker Wind. Leider hatte ich keine warme Jacke dabei und zog somit die Innenräume vor. Wer hätte auch gedacht, dass ich mich in den Wintermonaten Richtung Norden bewegte und nicht wie immer im Süden aufhielt, wo eine wärmere Jacke nicht erforderlich war. In den nächsten Tagen sollte es auch noch regnen. Ach, wie schön warm war es doch vor Teneriffa und ich wünschte mich dorthin zurück. Mit diesem Wunsch stand ich jedoch nicht alleine da. Die Asiaten und Lateinamerikaner froren ebenso und doch liefen viele immer noch mit kurzen Hosen umher, was für mich absolut unverständlich war. Wir hatten alle Sehnsucht nach Wärme sogar die Philippiner, die jetzt ihre Turnschuhe trugen statt der geliebten Flipflops. Doch das war nicht der einzige Grund, warum wir uns wieder unser Schiff zurückwünschten. Hier waren einfach zu viele Leute. Und vor allem zu nahe beisammen. Es wurde nur ein Restaurant freigegeben und das war zu jeder Zeit überfüllt und natürlich ließ sich dies auf die Qualtität und Auswahl der Speisen zurückführen. So schnell konnten unsere Köche gar keinen Nachschub bringen, geschweige denn konnte für so viele Personen ein Essen zubereitet werden, wie wir es von unserem Schiff gewohnt waren. Sicherlich hatte man dafür

Verständnis, doch nicht bei jedem kam dies an. So gab es immer mehr Klagen und die Crew wurde immer unzufriedener. Nicht nur das Essen war der Grund dafür, sondern auch das Internet, das ständig überlastet war und jetzt aufgrund der Langeweile auf Hochtouren lief. Noch dazu der eingeschränkte Bereich, den wir nutzen konnten. Der Außenbereich wurde im Moment nur von den sportlich aktiven Mitarbeitern genutzt, die sich bei einem Basketballspiel aufwärmten. Das Wetter hatte enorm umgeschlagen und wir mussten uns mit der Differenz von 15 Grad und Dauerregen abfinden. Einige hatten sich auch schon freiwillig zum Arbeiten gemeldet, weil sie die Langeweile nicht mehr aushielten. Doch die meisten taten nichts. Ich hatte mein Glück mit einer Aktion zum Deutschlernen versucht, aber bin ebenso kläglich gescheitert. Es wurde immer schwieriger Leute zu finden, die etwas lernen wollten. Jetzt hatten sie mehr Zeit und doch wiederum keine, um zu lernen. Also beschränkte ich den Unterricht auf Spiele wie Schiffe versenken, was natürlich in unserer Situation etwas makaber war oder Stadt-Land-Fluss. Spiele, die wenigstens Spaß machten und jeder, der wollte, konnte sich daran beteiligen. Allerdings unter einer Bedingung: während dieser Zeit des Spielens musste Deutsch gesprochen werden. Die Zeit verging wie im Fluge und ich musste oft lachen, wenn die Fortgeschrittenen den Anfängern Sätze und Wörter beibrachten, die sie nicht kannten. Tag für Tag suchte ich meine Schäfchen zusammen und ließ mir neue Spiele und Duelle über Allgemeinwissen einfallen. Das Schwierigste war immer, sie einzusammeln und einen einigermaßen ruhigen Platz zu finden. Dies nahm die meiste Zeit in Anspruch und ich bemerkte die Demotivation, wenn man nicht gleich einen Platz fand und ewig auf dem Schiff umherlief. Viele Schüler sind mir auf diesem Weg abhandengekommen und von Tag zu Tag wurden es weniger, bis ich schließlich aufgab, mich an einen Platz setzte und wartete, ob jemand zum Unterricht kam. Meist waren es immer die Gleichen. Doch mehr als zwei bis drei Schüler fanden sich nicht mehr ein. Mir kam es so vor, als wäre jeder schon im Urlaub. Es gab keine Regeln mehr und viele hatten Mühe überhaupt aufzustehen. Und wenn sie es dann doch einmal zu später Stunde schafften, fanden sie nur noch den Weg ins Restaurant. Sie wurden immer phlegmatischer und wünschten sich einfach nur noch bei ihren Familien zu sein, und zwar schnellstmöglich. So langsam kippte die Stimmung.

Zwei Tage vor der Ankunft im Hafen von Cuxhaven bemerkte man die Unruhe. Nicht nur, dass gemunkelt wurde, eine Heimreise für die Nichteuropäer wäre im Moment nicht möglich, sondern auch, weil das Essen rationiert wurde. Würde das bedeuten, dass wir vielleicht nicht das Schiff verlassen konnten und unter Quarantäne gesetzt werden sollten? Einigen war sicher bewusst, dass sie noch nicht bei den Heimkehrern dabei waren, denn viele Flughäfen in Asien und Mittelamerika waren gesperrt oder die Seefahrer hatten Einreiseverbot. Aber sie wurden von denjenigen, die sofort das Schiff im Hafen verlassen wollten, zu Unruhen angestiftet und die ungewisse Situation machte es immer schwieriger auf dem Schiff zu bleiben. Ich wusste mittlerweile, dass die in Deutschland wohnhafte Besatzung von Bord gehen konnte. Man wollte für uns einen Bus in die jeweiligen Zielorte zur Verfügung stellen, aber es wurde auch schon verlautet, dass man auf Wunsch eigenständig das Schiff verlassen konnte. Für die Österreicher und Schweizer galt dies jedoch nicht, denn die Grenzen konnten nicht überschritten werden.

27.04.2020 Ankunft in Cuxhaven auf Reede

Endlich war es soweit. Wir erreichten Cuxhaven. Doch wie vermutet ging es wieder nur auf Ankerposition. Wollte man uns jetzt wirklich auch hier nicht von Bord lassen? Aggressives Verhalten unter der Crew machte sich mehr und mehr breit, aber wenigstens gab es wieder besseres Essen, denn in den nächsten Tagen sollten Lebensmittel geladen werden. Auch der Zigarettenentzug stellte sich bei vielen ein und förderte die schon bestehende Gereiztheit. An Bord konnte man seit mehreren Tagen keine Zigaretten mehr kaufen und jeder hoffte auf schnellen Nachschub. Die Nichtraucher redeten sich leicht. »Hör doch einfach auf damit. Jetzt hast du die Gelegenheit«. Doch wollte man so etwas in dieser Situation hören?

Am Nachmittag stießen weitere Schiffe unserer Reederei auf uns und ein Crewwechsel auf See sollte stattfinden. Ich nahm mir vor, dieses Spektakel anzusehen. Zum Glück war das Meer einigermaßen ruhig, so dass es die Besatzung leichter beim Ein- und Ausstieg in die Tenderboote hatte und auch das Tendern gemütlicher verlief. Über uns flog ein Helikopter der Bundespolizei und umkreiste uns, um das Geschehen zu beobachten. Hatten sie Bedenken, dass wir in den Tenderbooten flüchten? Oder war es einfach nur zur Sicherheit? Am späten Nachmittag war die Aktion vorbei und jetzt waren natürlich noch mehr Leute an Bord. Über 3000 Crewmitglieder. Es wurde immer enger und voller. Dies konnte nicht gutgehen. Gerade in einer Situation wie dieser, einer Anspannung zugleich Hilflosigkeit und Ungewissheit würde sicherlich nichts so verlaufen, wie man es zuvor dachte. Schon am Abend eskalierte es auch in einer Bar. Normalerweise gab es kaum Unstimmigkeiten bezüglich der Herkunft eines jeden, doch jetzt taten sich Gruppen verschiedener Nationalitäten zusammen und griffen sich gegenseitig an. So wurden erstmals die Bars geschlossen, um Ruhe zu bewahren und den unter Alkohol beeinflussten Besatzungsmitgliedern keine Möglichkeit für weitere Streitereien zu geben. Aber war das eine Lösung oder brachte es nur noch mehr Unruhe unter die Crew?

Ich streifte gelangweilt auf dem Schiff umher. Mittlerweile sehnte man sich enorm nach dem normalen Schiffsleben und einer siebentägigen Arbeitswoche. Nicht nur mir ging es so. Die Langeweile nahm überall überhand. Falls ich doch auf ein paar bekannte Gesichter stieß, hörte ich immer wieder die gleiche Aussage. »Was soll man auch anderes tun, als im Bett zu liegen und zu schlafen.« So langsam konnte keiner mehr mit der Situation umgehen und noch immer gab es keine Auskunft, wann wir anlegen und das Schiff verlassen konnten. Ich verzog mich mehr und mehr in meine Kabine, denn das war der ruhigste Ort. Auf dem Schiff gab es mittlerweile nicht einen Platz zu finden, der nicht von Menschenmengen besetzt war und ein Stimmengewirr verschiedener Sprachen oder lauter Musik im Ohr hallte. Wieder sehnte ich mich jetzt nach einem Waldspaziergang, nur ein Rascheln der Blätter oder Vogelgezwitscher als Geräuschkulisse, und ansonsten nichts als Ruhe.

29. April im Hafen von Cuxhaven

Natürlich konnten wir die Vorgehensweise der Reederei verstehen. Es war sicherlich leichter, nur mit einem Schiff das Personal auszufliegen, anstatt für eine komplette Flotte im Hafen um Erlaubnis zum Anlegen zu bitten. Nur ein Schiff sollte von den Vorkehrungen der Heimkehr betroffen sein und dies machte sich schon am folgenden Tag bemerkbar. Wir legten an der Pier an und die örtlichen Behörden kamen in Scharen an Bord. In dem Moment wurde uns bewusst, dass wir nun auch einer Ansteckungsgefahr ausgesetzt waren. Bis jetzt hatten wir noch keinen Infizierten an Bord. Doch jetzt änderte sich die Sachlage. Wo man auch hinsah, liefen Polizisten, Zollbeamte und die Gesundheitsbehörde über die Decks. Alle trugen einen Mundschutz, aber war dieser Schutz ausreichend? Man hörte immer wieder Nachrichten darüber. Was, wenn einer dieser Beamten uns den Virus reinbrachte? Waren wir jetzt gefährdet? Noch dazu trugen wir keinen Mundschutz. Wir hatten noch gar keinen. Es hatte auch keinen Anlass dazu gegeben. Wir waren unter uns, gefangen auf dem Meer. Die Gäste hatten schon vor langer Zeit die Schiffe verlassen. Also gab es auch keine Ansteckungsgefahr.

Später wurde angekündigt, dass wir zu einem Facecheck, in dem unsere Gesichter mit unseren Pässen von der Bundespolizei überprüft werden sollten, antreten müssten. Hierfür wurden wir, organisiert nach Nationalitäten, in die Konferenzräume gebeten. Nun waren wir uns erst einmal über das Ausmaß der Pandemie bewusst. Es wurden Masken verteilt, die wir schon in der Schlange tragen mussten. Für mich war es unvorstellbar, dass man an Land nur noch mit den Masken eine Lokalität betreten durfte. Mir fiel das Atmen schwer, aber auch meine Kollegen protestierten. Nur die Vorstellung, mit der Maske stundenlang nach Hause zu reisen, war grauenhaft.

Als ich endlich an der Reihe war und den Raum betrat, kamen mir gleich wieder Bedenken bezüglich der Ansteckungsgefahr. An verschiedenen Tischen saßen Beamten der Zollbehörde und überprüften unsere Pässe auf Übereinstimmung mit unseren Gesichtern. Definitiv waren zu viele Personen in dem

Raum und ich fragte mich auch, was dies für einen Sinn hätte? Gut, ich kann es noch bei den Europäern verstehen. Jeder hatte andere Augen, das Einzige, was man mit der Maske sah. Doch die Asiaten hatten die gleichen Augen. Alle fast schwarz und schon auf dem Schiff konnten die Europäer oft die Asiaten nicht unterscheiden, geschweige denn zu beurteilen, aus welchem asiatischen Land sie stammten. Ich hörte oft die Aussage, dass alle gleich aussehen würden. Ich sah das zwar nicht so, aber auch ich hatte Schwierigkeiten meine Schüler unter den Masken zu erkennen und erst die Stimme verriet mir, wer sich dahinter verbarg.

Ich stand vor dem Beamten und gab ihm den Reisepass. Er inspizierte den Pass und sah mich an. Eigentlich hätte ich jetzt auch gerne Handschuhe getragen, denn nach der

Kontrolle nahm ich mit Widerwillen meinen Pass entgegen und ging zum Ausgang des Raumes, wo ich ihn einem Mitarbeiter unserer Schiffsverwaltung aushändigte. Sobald ich den Bereich verlassen hatte, spürte ich das dringende Bedürfnis meine Hände zu waschen und zu desinfizieren. War man selbst schon paranoid in Bezug auf dieses Virus? Wie sollte es mir dann erst an Land ergehen?

Der Abschied kam immer näher. Schon am Nachmittag stand ich unter den Abreisenden auf der Liste, die in der Bar ausgehängt wurde. Mit einem bangen Gefühl sah ich der Abfahrt entgegen, zumal keiner genau sagen konnte, in welchen Bussen wir reisen sollten und ob dort auch noch andere Fahrgäste mitfahren würden. Insofern blieb immer noch eine Angst vor der Ansteckung. Da viele von uns ältere Menschen zuhause hatten oder sogar Risikopatienten war uns das Ganze mehr als suspekt. Mir ging es da ähnlich. Ich hatte vor zu meinen Eltern zu reisen, und meine Mutter war ebenso ein Risikopatient. Aber ich hatte gar keine andere Wahl, da ich als Heimatflughafen München angegeben hatte. Vielleicht sollte ich dort nur mein Auto holen und weiterfahren, aber wohin? Die Situation war in anderen Ländern noch schlimmer. Da ich mich neben Deutschland nur in Spanien und Italien aufhielt, jene Länder, in denen eine komplette Ausgangssperre verhängt wurde und auch derzeitig keine Einreise erlaubt war, blieb mir gar nichts anderes übrig als das Risiko einzugehen und zu meinen Eltern zu reisen. Das würde allerdings bedeuten, ich müsste mich von meiner Mutter fernhalten. Zumindest ein paar Tage, solange bis man sich sicher wäre, sich nirgendwo angesteckt zu haben.

30. April Heimreise

Ich machte mich auf den Weg zur Gangway. Meine Zeit auf dem Schiff war abgelaufen. Dieses Mal jedoch nicht so wehmütig. Mein Koffer stand im abgesperrten Sicherheitsbereich, und um ihn entgegenzunehmen, stellte ich mich in die wartende Schlange. Bedrückt hing ich meinen Gedanken nach. Ich dachte an den schönen letzten Abend mit meinen Freunden, die man vielleicht gar nicht mehr wiedersehen wird, obwohl man vor der Pandemie so große Pläne hatte. Wir zum Beispiel planten, uns in Mexiko zu treffen und dann alle gemeinsam, jedes zentralamerikanische Land zu besuchen, in dem alle verstreut waren. Wir wussten zwar, dass es für Seefahrer nicht einfach war, alle unter einen Hut zu bringen, aber nichtsdestotrotz nahmen wir es uns vor – natürlich vor der Pandemie. Jetzt sah es anders aus. War es sonst schon ein Unterfangen, das uns jahrelang nicht gelang, bedingt dadurch, dass einer im Urlaub war oder gerade vom Schiff abstieg und der andere schon wieder aufsteigen musste, doch wir gaben nie die Hoffnung auf, dass es irgendwann einmal klappen würde. Dieses Mal stiegen wir alle zur gleichen Zeit ab. Aber konnte man überhaupt reisen? Wie lange dauerte es noch, bis sich alles wieder beruhigt hatte oder ein Impfstoff gefunden wurde? Im Moment sah es nicht so aus, dass wir unsere Reisepläne umsetzen konnten und wer weiss, wann die Lateinamerikaner überhaupt nach Hause durften. Doch unseren letzten Abend ließen wir uns dadurch nicht verderben.

Nacheinander trudelten wir in der Bar ein, die mittlerweile wieder geöffnet war. Es war ein Abschied mit glasigen Augen und bei einigen liefen auch die Tränen. Mir ging es ebenso. Ich musste mich zusammenreißen, um nicht einfach loszuheulen, denn ich bangte obendrein, wie es in der Zukunft aussah. Gab es dann überhaupt noch Deutschtrainer an Bord? Mit den Hygienemaßnahmen war dies gar nicht so leicht zu bewerkstelligen. Wie sollte man eine Klasse unterrichten, wenn keine Gruppen erlaubt waren? Bislang wusste man gar nicht, ob es überhaupt so schnell wieder Kreuzfahrten gab. Das Schlimmste für mich war, dass die Route, auf die ich mich so gefreut hatte, für mich gestorben war. Südafrika, das wäre ein Traum gewesen. Zwar hoffte ich bis dato, dass dieses Ziel im Herbst von Neuem aufgenommen werden konnte, aber mein Gefühl sagte mir, dass auch zu diesem Zeitpunkt kein normaler Schiffsbetrieb stattfinden könnte. Wir feierten ausgelassen und immer mehr Leute kamen auf mich zu, um sich zu verabschieden.

Es dauerte ewig bis wir endlich das Schiff verlassen konnten. Wir warteten und keiner wusste eigentlich so genau, warum. Es ging einfach nichts vorwärts. Doch dann wurde die erste Gruppe aufgerufen, das Schiff zu verlassen und sich zu den Bussen zu begeben. Ich marschierte über die Gangway und zog mein schweres Gepäck wie eine aufgelegte Bürde hinter mir her, vorbei an den Zollbeamten, denen ich noch kurz meinen Reisepass vorlegte und dann war ich draußen. Ein seltsames Gefühl beschlich mich als ich den ersten Schritt auf die Straße tat. Fast als wäre man seekrank, beziehungsweise landkrank, denn ich fühlte mich, als würde ich auf Schiffsplanken gehen. Unbeschreiblich. Ich hörte schon oft davon, dass man auch an Land dieses Gefühl haben konnte, aber mich betraf es noch nie.

Ich ging zu dem ausgewiesenen Bus nach München und überreichte dem wartenden Busfahrer mein Gepäck. Dann mussten wir auf alle Mitfahrer warten und ich reihte mich ebenso zu den Wartenden ein, die vor dem Hafengebäude standen. Dann kam ein Kollege und wir konnten uns vor Lachen nicht mehr halten. Er warf sein Gepäck zur Seite und legte sich auf den Boden. Gerade, dass er ihn nicht auch noch abküsste, so freute er sich auf den festen Untergrund. Als er dann auch noch die Worte zum Himmel schrie » *Oh, mein liebes deutsches Heimatland! Du hast mich wieder*« war es mit unserer Beherrschung vorbei. Als ein Zollbeamter auf uns zukam und ihn fragwürdig ansah, lachten wir und klärten ihn auf. Wahrscheinlich verwundert der patriotischen Gefühle, ging er schmunzelnd und zugleich kopfschüttelnd davon.

Dann ging es los. Nur acht Leute waren im Bus, als wir uns Richtung Heimat bewegten. Nachdenklich saß ich im Bus. Wie wohl alles weitergehen würde? War mein Job gefährdet? Jetzt wollte ich erst einmal den Urlaub genießen, zwar zuhause, aber auch dort war ich gerne.

02. Mai. 2020 München

Jetzt war ich schon zwei Tage zuhause. Die Fahrt hatte wunderbar geklappt. Ich hatte noch niemals zuvor so wenig Verkehr auf der Autobahn gesehen. Das einzige Problem, dass ich erkennen konnte, war, dass alle Raststätten geschlossen waren und auch die öffentlichen Toiletten. Etwa zur Halbzeit versuchten wir noch unser Glück bei MC Donald, aber auch hier war nur der MC Drive geöffnet. Hunger hatten wir natürlich auch, aber wie sollte das funktionieren. Letztendlich entschieden wir uns dazu, uns zu Fuß in die Autoschlange einzureihen. Natürlich sorgte dies für ein Schmunzeln. Aber was sonst sollten wir tun?

124

Der Bus konnte schließlich nicht durch. So standen wir mit unseren Masken im Abstand von zwei Metern ohne Fahrzeug aufgereiht in der Schlange und bestellten einer nach dem Anderen unser Mittagessen. Die Mitarbeiter nahmen es mit Humor, aber sicherlich war es ein seltsames Bild. Fußgänger am MC Drive und das auch noch auf der Autobahn. Wie ausgehungert stürzten wir uns auf das Fast Food und erst als alle satt waren, stiegen wir wieder ein und die Fahrt ging weiter.

Die Tage vergingen. Ich war immer noch in Quarantäne, aber wenigstens zuhause. Aber wo sollte ich auch hin, wenn ich es nicht wäre? Bars und Restaurants waren noch geschlossen, reisen konnte man auch nicht. So machten mir die 14 Tage auch gar nichts aus. Ich hatte wenigstens Internet und war auf dem neuesten

Stand, was die Schiffssituation betraf. Das Schiff ging wieder mit der verbleibenden Crew auf Ankerposition und alle mussten warten, bis auch sie die Erlaubnis bekamen, in ihr Heimatland zu reisen. Für viele war es schwer zu verstehen, dass sie nun in Deutschland waren und doch nicht nach Hause konnten. Aber was sollte die Reederei machen, wenn es keine Flüge gab oder niemand einreisen durfte. Da waren auch der Reederei die Hände gebunden und die Besatzung musste wohl oder übel der Dinge harren.

20. Mai 2020

Ich habe von zu Hause aus mitverfolgt, was alles auf dem Schiff geschah. Sicherlich gab es viele Vorwürfe gegen den Arbeitgeber, aber man muss auch sagen, dass viel für die Crew gemacht wurde. Man darf nicht vergessen, dass es so eine Situation vorher noch nie gegeben hatte und auch Vorgesetzte unter Stress standen. Man hat versucht das Beste daraus zu machen und die besten Entscheidungen zu fällen. Dass auch Fehler gemacht wurden, darauf möchte ich gar nicht eingehen, denn diese sind menschlich. Im Großen und Ganzen blieb die Lage außer ein paar unschöne Situationen ruhig. Hier möchte ich noch einmal darauf verweisen. Bei mehr als 3000 Personen kann sicherlich einmal ein nicht akzeptabler Disziplinarverstoß vorkommen, doch das heißt nicht, dass hier alle randaliert haben oder unzufrieden waren. Wie an Land, einer ist zufrieden und der andere nicht. Das gibt es überall.

Ein besonders schönes Ereignis war eine ungewöhnliche Spendenaktion von Eva Erkenberg von der Bremerhavener Segelmacherei. Ihr Ziel war 3000 Euro zu sammeln, um für die Crew Schokolade zu kaufen. Schon innerhalb eines Tages erreichte man dieses Budget und auch die Firma Hachez spendete 2000 Tafeln Schokolade der Premiummarke. Doch auch danach gingen die Sammelaktionen weiter. Auf Anfragen der Crew nach Hygieneartikeln wurden auch diese gespendet oder von anderen Firmen und Privatpersonen gesponsert.

Man hat gesehen, wie viele Menschen mit dem Schicksal der Crew mitgelitten hatten und sich vorstellen konnten, wie es war auf Anker zu liegen anstatt bei der Familie zu Hause zu sein.

Noch im Mai flog nach und nach die Crew nach Hause, zuerst die Europäer und danach folgten auch die Asiaten und Lateinamerikaner.

17. Dezember 2020 Gran Canaria

Nach fast acht Monaten ging es endlich wieder los und ich bekam wieder einen Vertrag von der Reederei. Eigentlich war eine sechswöchige Reise in die Karibik geplant, aber aufgrund der Pandemie, die immer noch existierte und nicht auszurotten war, fiel dieses Vorhaben ins Wasser. Nun plante man lange Seereisen rund um die Kanaren. Es durfte auch angelegt werden. Allerdings konnte man individuell nicht von Bord, sondern nur in einem der gebuchten Ausflüge. Dieses Vorgehen wurde streng kontrolliert. Ein Verlassen der Reisegruppe wäre das Ende der

Reise gewesen. Das erinnerte mich an den Spruch, next port – airport, den wir unter der Besatzung hatten, wenn einer einmal über die Strenge schlug oder eine Regel nicht einhielt. Wie bei der Besatzung war nun auch der Kapitän bei den Passagieren sehr streng. Man wollte vermeiden, dass man das Virus an Bord brachte. Letztendlich hätte nämlich das wieder dazu geführt, dass die Kreuzfahrt abgebrochen worden wäre und das wollte keiner. Nicht der Passagier, nicht die Crew und auch nicht die Reederei.

Dieses Mal war ich mit einem Gaststatus an Bord, denn ich sollte den Passagieren Spanischkurse anbieten. Da wir viele Seetage hatten, sollte an diesen ein großes Angebot für die Gäste zur Verfügung stehen. Als ich über die Gangway hochlief, drückten auch gleich einige Crewmitglieder ihre Freude aus, wieder

Deutschkurse an Bord zu haben. Doch leider musste ich sie enttäuschen, denn ein Deutschkurs kam noch nicht in Frage. Ich jedoch freute mich schon auf die Abwechslung und vor allem auf die tolle Kabine mit Balkon. Das Schiff segelte mit der Hälfte der Passagiere und die Innenkabinen waren nicht belegt. Alles war anders als vor der Pandemie. Auch die Aufzüge durften nur von vier Personen benutzt werden. Dazu hatte man vier Quadrate mit Klebeband abgeklebt und jeder musste in einem Feld stehen. Es kam mir alles sehr seltsam vor, aber schließlich sollte man nicht so viel Kontakt zu anderen Personen haben. Eigentlich fand ich das Hygienekonzept sehr gut. Aber ungewohnt. Ich war erstaunt, was alles verändert wurde, um die Hygienemaßnahmen einzuhalten. Nachdem ich meinen Koffer ausgepackt hatte, machte ich mich auf den Weg das Schiff zu erkunden, denn ich kannte es noch nicht. Das einzige Lästige war, dass man eine Maske tragen musste, sobald man die Kabine verließ. In den Bars oder in den Restaurants konnte man am Tisch die Maske abnehmen. Ich setzte mich in eine Außenbar und beobachtete die Gäste. Immer wieder passierte es, dass ein Gast aufstand, um zur Toilette zu gehen und vergaß, die Maske wieder aufzusetzen. Aber das merkte man gleich, denn jeder schrie im Chor hinterher. »Maske«. So lief man wieder zum Tisch und mit schlechtem Gewissen setzte man die Maske auf. Auch mir ist es während dieser Zeit des Öfteren passiert. Es war einfach ungewohnt. Vor allem dann, wenn ich die Kabine verließ. Wie oft bin ich den Gang entlanggelaufen und erst, wenn einer vom Housekeeping mich darauf aufmerksam machte, wurde es mir bewusst und ich kehrte um.

Später bereitete ich meinen Unterricht vor, da uns einige Seetage bevorstanden, an denen mein Unterricht stattfinden sollte. An den Landtagen gab es keinen Unterricht und ich hatte frei und ich nahm mir vor, einige Ausflüge mitzumachen. Im Großen und Ganzen machte mir die Arbeit sehr viel Spaß. Nur eins vermisste ich. Ich arbeitete zwar, hatte aber Gaststatus und durfte nicht in den Crewbereich. Meine Kollegen fehlten mir. Ein gemütliches Plaudern über die Zeiten, als die Schifffahrt noch normal verlief. Nur in den Bars konnte ich mit ihnen reden. Allerdings war der Barbereich eingeschränkt und man durfte weder am Tresen stehen noch sitzen. So wurde ich oft weggescheucht, was ich jedoch verstehen konnte. Schließlich wollten wir alle gesund bleiben und auch weiterhin die

Kreuzfahrt genießen. So wurde auch im Restaurant darauf geachtet, dass nur zwei Haushalte an einem Tisch saßen und man musste die Kabinennummer angeben. Dadurch wäre es im Fall einer Ansteckung einfacher, die betreffenden Kontaktpersonen ausfindig zu machen.

31. Januar 2020 auf See

Weihnachten hatten wir gut rumgebracht. Ein sinnliches Fest im Ruhigen mit meinen Kollegen bei einem 5-Gänge-Menü im Restaurant. Jetzt war Silvester dran und da war ich gespannt, ob sich alle an das Tanzverbot halten würden. Wir hatten ebenso wie Weihnachten einen Tisch im Restaurant und später ging man auf die Außendecks zum Anstoßen. Immer mal wieder sah man ein Pärchen, das umarmt zur Musik schunkelte, doch im Allgemeinen hielt sich doch jeder an die Regelung nicht zu tanzen. Wir lauschten der Musik und warteten auf das Feuerwerk. Wir lagen kurz vor Funchal an der Küste und dort gab es jedes Jahr das wundervollste Feuerwerk, das ich jemals gesehen hatte. Ein Spektakel, an das man sich gerne erinnerte. Das Feuerwerk fand nicht nur an einer Stelle statt, sondern zog sich über die ganze Bucht. Obwohl wir weit entfernt ankerten, konnte man es sehr gut in der Ferne sehen. Später nahmen wir noch einen Absacker zu uns und sinnierten, wie das neue Jahr aussehen würde. Viele hatten schon feste Verträge auf anderen Schiffen oder auch bei anderen Reedereien, aber noch wusste man nicht, ob diese Reisen überhaupt stattfinden konnten. Im Moment sah es noch nicht so aus. Außer auf den Kanaren war es nirgendwo erlaubt anzulegen.

Im neuen Jahr ging es wieder weiter mit meinen Kursen. Da ich immer wieder Gäste hatte, die schon einen Kurs gemacht hatten, gab es einfach einen Fortsetzungskurs. Ich kam relativ gut vorwärts, die meisten waren sehr lernfreudig und schon nach einigen Wochen waren kleine Gespräche auf Spanisch möglich. Oft dachte ich daran, welche Möglichkeiten sie hätten, wenn die Lateinamerikaner an Bord wären. Aber leider konnten die lateinamerikanischen Mitarbeiter noch nicht ausreisen. Wir hätten kleine Gesprächsrunden gestalten können und vor allem hätte ich dann immer einen Kellner parat gehabt, der mit den Gästen Spanisch gesprochen hätte. So musste ich improvisieren und den Gästen nahelegen, bei ihren Ausflügen ihre neu erworbenen Kenntnisse zu testen. Allerdings war dies auch nicht so einfach, denn man durfte sich ja nicht von der Reisegruppe entfernen. So blieb ihnen oft nur der Busfahrer oder die Reiseleiterinnen, die zwar Deutsch konnten, aber als Spanier gerne ein paar Worte auf Spanisch wechselten. Die kleinen Erfolgserlebnisse wurden mir dann stolz präsentiert und da wusste ich wieder, warum ich diese Arbeit so liebe.

Mittlerweile lief alles wie am Schnürchen, das Temperaturmessen am Morgen oder die Abstandsregelung, jeder hielt sich daran. In meinem Unterricht war dies ebenso zu bemerken. Zwischen jeder Person musste ein Platz freibleiben. Aber es lief wie von selbst, nicht nur im Spanischunterricht, überall auf dem Schiff war man mit den Regeln konform. Wo es nicht ganz so einfach war, war der Sport & Spa-Bereich und beim Zutritt zu den Shows. Hier musste man sich vorher anmelden und wenn man zu spät dran war, musste man feststellen, dass alles ausgebucht war. Sei es die Sauna, ein Fitnesskurs oder eine musikalische Veranstaltung an Bord. Hier gab es dann schon einmal Beschwerden, aber die

Gäste wurden auch immer einfallsreicher. Nach einigen Wochen, saßen sie abends am Einschiffungstag in den Bars mit dem Handy in der Hand und sobald die Daten freigegeben wurden, tippte man wie wild auf den Handytasten, um sofort die gewünschten Kurse zu buchen. Allerdings war dies dann wieder ein Problem für die Neuankömmlinge, deren Angebot enorm geschrumpft war. Was mich wunderte war, wie viele über einen langen Zeitraum an Bord blieben. Bis zum Schluss, als ich abstieg und das war nach dreieinhalb Monaten, waren immer noch 250 Leute an Bord, die mit mir aufgestiegen waren. Man kannte sich schon und wusste, wo man die Gruppen fand. In einem Gespräch hörte ich immer nur den Kommentar. »Was soll ich denn zuhause. Alles ist zu und man ist im Lockdown. Hier habe ich Bars, Restaurants und lerne auch Leute kennen. Ich genieße die

Freiheit auf dem Schiff, trotz Maske und Abstandseinhaltung. Auch wenn wir nicht individuell rausgehen können, so haben wir trotzdem die gut geführten Touren zur Auswahl. Zuhause wäre mir langweilig.«

Ich lernte zwei Familien kennen, die ebenfalls diese lange Zeit an Bord waren. Sie berichteten mir über die geschlossenen Schulen und Kindergärten. Die ganze Zeit die Kinder um sich zu haben, war man auch nicht gewohnt. An Bord hatte man den Kidsclub zur Verfügung und die Kinder wurden beschäftigt und beaufsichtigt. Ich konnte das verstehen, denn ich habe auch einen Sohn, der zwar mittlerweile erwachsen ist. Doch ich erinnere mich an die dreimonatigen Ferien, wenn man schon nicht mehr wusste, wie man ihn beschäftigen konnte. Und zu dem damaligen Zeitpunkt war man nicht eingesperrt zu

Hause. Ohne Freibad, Museum, Kino, Parks und viele andere Freizeiteinrichtungen war es mir unvorstellbar, wie man die Kinder den ganzen Tag auf Trab halten sollte.

Als wir auf Fuerteventura anlegten, gab es einen Strandausflug an einen für uns abgesperrten Strandabschnitt. Jeder hatte sein Quadrat, in dem er sich aufzuhalten hatte. Es war einfach so und man konnte es trotzdem genießen. Einfach faul in der Sonne liegen und ab und zu mal ins Wasser, um sich abzufrischen. Hier sah ich auch wieder die Familien. Kinder, die Sandburgen bauten und wild durch das flache Wasser sprangen. Ich konnte die Eltern wirklich verstehen.

Anfang März 2021 auf See

Noch immer war keine Besserung an Land zu bemerken. Die Inzidenzzahlen stiegen weiterhin und bis auf Lebensmittelgeschäfte, Apotheken und Drogerien durfte der Einzelhandel nicht öffnen. Mit taten die Kleinunternehmer leid, denn wie sollte man auf diese Weise für seine Existenz sorgen.

Aber auch auf dem Schiff bemerkte ich so langsam eine Veränderung. Trotz Lockdown wollten jetzt viele nach Hause. Sicher, wenn man alles über Monate genießen konnte, so wünschte man sich doch wieder sein Zuhause. Es war auch jeden Tag das Gleiche und die

Gäste fingen an, sich zu langweilen, obwohl sie ein großes Angebot hatten. Natürlich war jetzt auch das Wetter schon in Deutschland besser und so sehnten sich viele nach einem Waldspaziergang oder einfach nur im Garten zu arbeiten. Mir selbst ging es ebenso. Ich vermisste meine Spaziergänge im Wald, das Zwitschern der Vögel oder einfach nur an einem schönen Tag mit dem Auto spazieren zu fahren. Einfache Dinge, nach denen ich nach so langer Zeit an Bord eine Sehnsucht verspürte. Genauso wie in der Küche zu stehen und sein eigenes Mahl vorzubereiten. Dinge, die alltäglich sind, aber für einen Seefahrer Luxus darstellten.

Mittlerweile zog ich auch in eine Wohnung auf dem Land. Die Pandemie zwang mich dazu das Reisen aufzugeben und nach langem wieder einmal sesshaft zu werden. Wer weiß, für wie lange? Im Herbst sollte ich wieder als

Deutschlehrerin aufsteigen. Haben wir dann die Pandemie überstanden? So ganz konnte ich daran nicht glauben. Oft zweifelte ich auch die Zahlen der Erkrankten an. Doch dann lernte ich ein Ehepaar kennen, die damals auf dem ersten coronainfizierten Schiff waren. Während sie mir die Geschichte erzählten, liefen dem Mann immer wieder die Tränen runter. Beide waren damals infiziert, doch er ohne Symptome. Sie kamen in ein Krankenhaus und wurden separat in Quarantäne gesteckt. Er hatte keinen Kontakt zu seiner Ehefrau und teilweise wusste er auch nicht, wie es ihr ging. Er war ebenso wie sie in einem Raum eingesperrt, nur mit einem kleinen Fenster. Zuletzt wollte man ihn als Genesenen nach Hause schicken, ohne seine Frau. Doch vehement weigerte er sich und wollte solange bleiben, bis er mit ihr zusammen das Krankenhaus verlassen konnte. Sie waren beide wieder gesund, aber immer wieder liefen ihnen die Tränen während des Erzählens runter und auch mir steckte ein Kloß im Hals und meine Augen wurden glasig nur vom Zuhören dieser rührenden Geschichte. Zumindest seitdem nehme ich die Krankheit doch ernster, was ich zuvor nicht getan hatte, denn ich kannte keinen einzigen Infizierten.

Epilog

Mittlerweile haben wir das Jahr 2022 erreicht und noch immer ergreift die Pandemie Besitz von uns. Einschränkungen, Lockdowns und jetzt kommt noch die Zwei-Klassen-Gesellschaft dazu. Geimpft oder nicht geimpft? Hier spalten sich die Meinungen und auch auf dem Schiff macht sich dies bemerkbar. Als Crew ist nur noch ein Aufstieg als geimpfte Person möglich und einige Schiffe lassen auch nur geimpfte Gäste an Bord.

Was ich mit meiner Geschichte erreichen möchte, ist, dass man sieht, wie einem die Pandemie zusammenschweißt, ob auf dem Schiff oder an Land.

Die Reedereien versuchen sicher ihr Bestes, doch sollte man verstehen, dass auch ihnen manchmal die Hände gebunden sind. Und ob geimpft oder nicht, versuchen Sie toleranter zu sein und die Meinung und Entscheidung anderer anzunehmen.

Vielen Dank, dass Sie meine Geschichte gelesen haben und als Autoren sind wir auf eine Bewertung der Leser angewiesen. Ich würde mich freuen, wenn sie eine positive Bewertung abgeben und dabei können sie gerne einen Blick in meine anderen Bücher werfen. Hauptsächlich schreibe ich zeitgenössische Romane. Jedes dieser Bücher führt in ein anderes Land, denn als Seefahrer erlebt man viel in sechs Jahren.

Aber ich habe auch einen historischen Roman geschrieben. Die Handlung findet am Gardasee zur Zeit des Mittelalters statt.

Viel Spaß beim Lesen!

Ihre Sabina Gabriel